ÉPONINE;

OU

DE LA RÉPUBLIQUE.

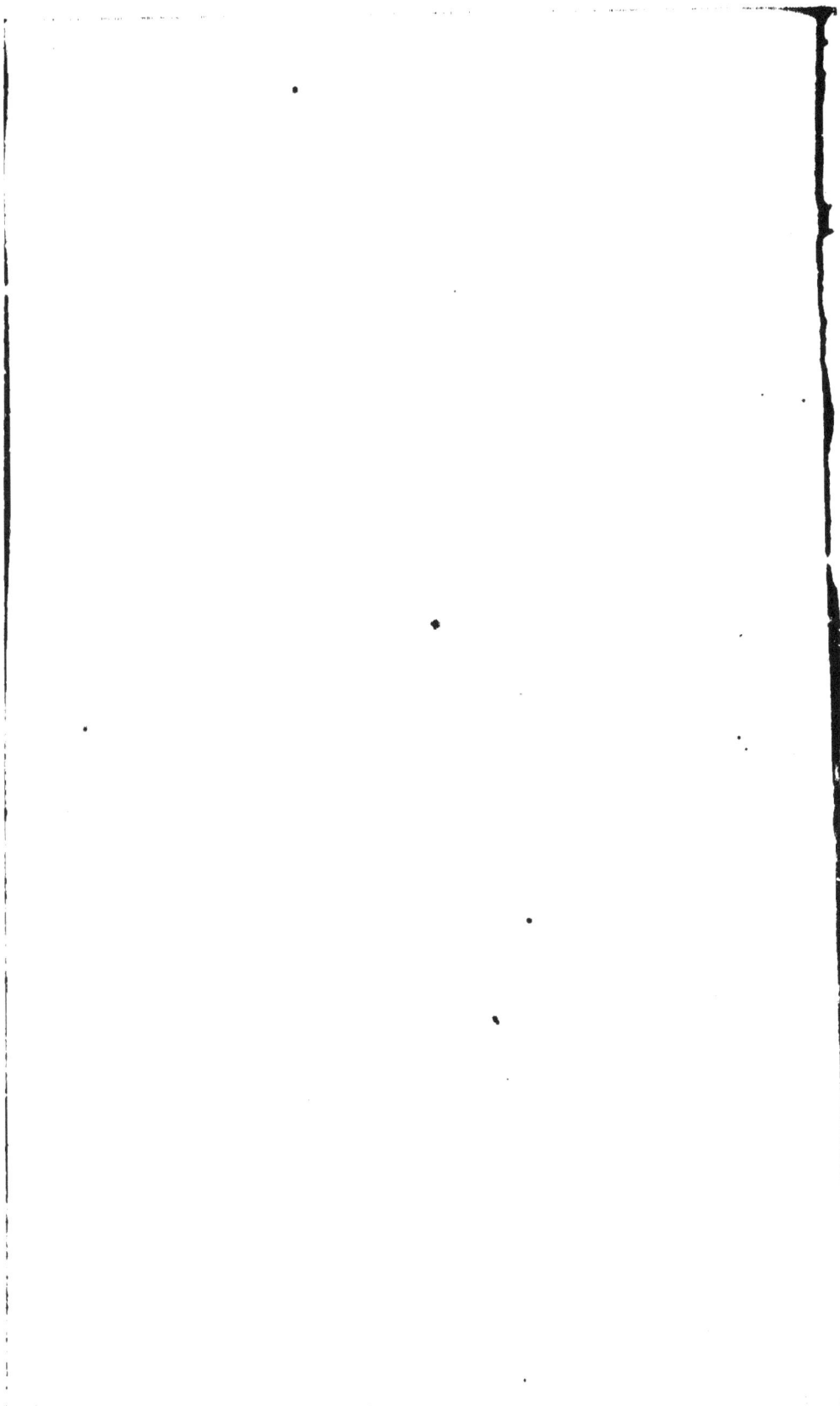

ÉPONINE,

OU

DE LA RÉPUBLIQUE,

OUVRAGE DE PLATON,

DÉCOUVERT ET PUBLIÉ

PAR L'AUTEUR

DE LA

PHILOSOPHIE DE LA NATURE.

NOUVELLE ÉDITION,

enrichie de gravures et augmentée de plusieurs volumes.

TOME PREMIER.

A PARIS.

1793.

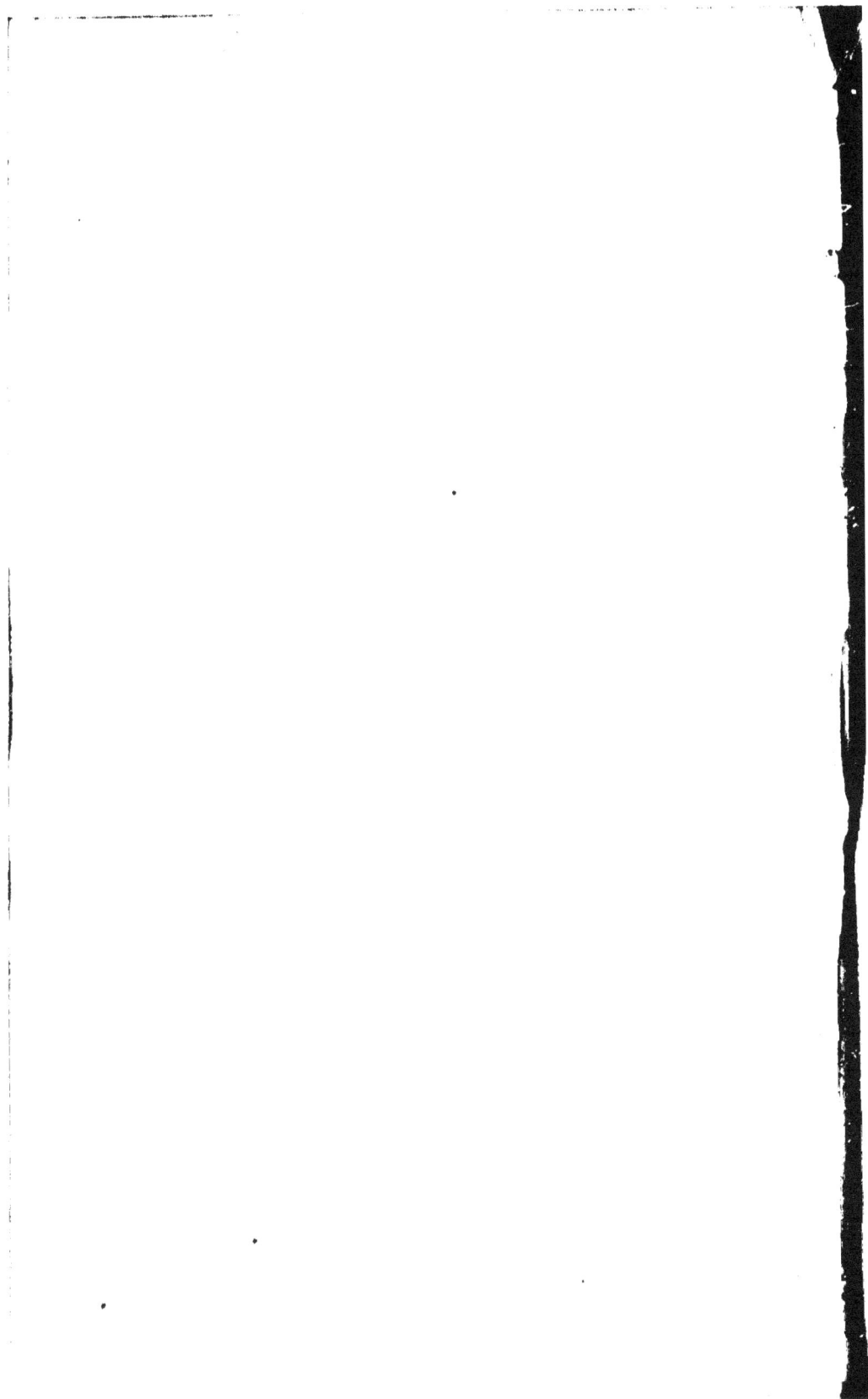

AVIS
DES DERNIERS ÉDITEURS.

———

La plus grande partie de cette nouvelle édition était imprimée à Paris, en juin 1792. A cette époque, l'auteur d'Éponine fit voile vers Otahiti, et son éditeur jetta au loin la plume, qui avait écrit la Philosophie de la nature, très-décidé à ne la reprendre qu'à la paix de l'Europe.

Un Libraire Français, établi dans une ville étrangère, qui n'est point en guerre avec la nouvelle République, a acheté le fonds de tout ce qui se trouvait imprimé d'Éponine, et a acquis le droit de continuer l'ouvrage et de le publier. On lui a imposé la loi, de ne le faire circuler en France, qu'avec une tolérance tacite du Gouvernement.

Après avoir consulté de beaux génies, et sur-tout des philosophes, hommes de paix, nous avons pris sur nous de répandre

en Europe le seul livre, qui restera peut-
être, de tous ceux que la liberté de penser a
fait naître sur la Révolution Française ; aucune spéculation de commerce n'est entrée
à cet égard dans notre opération typogra-
phique. Nous n'avons eu d'autre ambition que de faire germer des verités utiles,
d'autre espoir que d'obtenir un coup d'œil
des héros de la Philantropie.

Éponine, d'ailleurs, est indépendante
de toutes les révolutions ; quelque soit
l'ordre de choses que la France adopte,
les Sages y trouveront les idées-mères de
toutes les législations faites pour défier
l'éternité.

Si le gouvernement populaire n'y est
point proposé comme le chef-d'œuvre de
l'esprit humain, c'est que Platon a plané,
de toute la hauteur de son génie, au-dessus
des idées contemporaines ; c'est qu'il est
persuadé que l'homme est libre par tout où
il y a une force publique et des loix : c'est
que d'après le systéme raisonné de l'ordre
social, un grand Empire semble avoir un
ressort central moins actif sous la Démocratie orageuse d'Athènes, que sous la

Monarchie tutélaire de Sabbacon, de Henri IV, et de Marc-Aurèle.

D'ailleurs, sous quelque point de vue qu'on envisage ce livre, il est à l'abri de toute atteinte; aucune loi existante n'a le droit de prendre ombrage de son succès : aucun Pouvoir établi par elle, ne peut, sans l'outrager, enchaîner la plume qui l'a écrit, et la main qui le propage.

Qu'on n'oublie jamais qu'Éponine a été publiée originairement en 1791 ; et que l'édition même qui paraît aujourd'hui, était presqu'entièrement imprimée, dès le mois de juin 1792.

A cette époque, une Constitution, solemnellement jurée par toute la France, avait fixé la Monarchie dans son sein; et tout écrit qui aurait appellé la République, devait être regardé comme un crime de lèze nation.

Cet ouvrage doit donc être rangé dans la classe des livres d'histoire. L'auteur, obligé d'écrire d'après les loix contemporaines, a été le Tacite des Monarchies : s'il avait écrit quelques mois plus tard,

j'aime à croire qu'il serait devenu le Tacite des Républiques.

Et la ligne de démarcation est tracée
avec le plus grand scrupule. Platon a commencé à jetter les premières teintes de son
tableau, à l'*Assemblée des Notables* ; et il
a abandonné sa Palette à la fin de 1791,
lorsque la première Convention Nationale
légua son sceptre à la Législature.

Il faut terminer cet avis, en déclarant
solemnellement que l'auteur d'*Éponine*,
son premier éditeur, et nous, avons tous
également les intentions les plus pures ;
que voir la Patrie libre et heureuse, est
le plus ardent de nos vœux ; et que si,
contre notre intention, quelqu'erreur politique avait échappé à notre inexpérience,
nous serions les premiers à la désavouer.

AVIS AU RELIEUR

Pour placer les Gravures.

TOME I.

iij

TOME IV.

SUPPLÉMENT D'ÉPONINE.

TOME I.

TOME II.

EXPLICATION

DES GRAVURES (a).

TOME I.

PORTRAIT DE L'ÉDITEUR D'ÉPONINE.

Parmi plusieurs portraits qu'on a faits de l'Auteur si connu de la *Philosophie de la Nature*, nous avons choisi celui qu'a dessiné l'inimitable Pujos, parce qu'il est plein d'ame et de vie. Peut-être aurait-il mieux valu traiter cette tête en Camée : car la mesquinerie de nos vêtemens modernes se concilie mal avec l'idée qu'on se forme, du plus ingénieux des disciples de Socrate.

(a) On trouve, à la fin de l'Ouvrage, une note destinée pour le Relieur, qui indique la page précise où doit être placée chaque gravure.

On s'étonnera peut-être de ce que quelques-unes des estampes d'Eponine sont faites sur des dessins dont, le fonds est déjà connu : mais il nous a paru que, quand un sujet avait été traité par un grand Maitre, il appartenait à tous les hommes de goût qui savaient l'appliquer, et que le beau, fut-il antique, a plus de droit à notre admiration, que ce qui n'a d'autre mérite que d'être neuf.

A 2

SPARTACUS.

Cette estampe, destinée pour le dialogue entre Lycurgue et Spartacus, qu'on lit dans l'*Histoire de la découverte du Manuscrit d'Eponine*, représente ce Héros d'esclaves, au moment où, prêt à briser la tyrannie Romaine, il va trouver, sous une voûte sauvage de rochers, Crixos, le compagnon de ses infortunes, qui y vivait de ses obscures rapines. On croit entendre ces mots sortir de sa bouche de feu :

Quitte ce brigandage, et viens combattre Rome :
Pour toi, pour Spartacus, un Consul n'est qu'un homme.

SACRIFICE DE BÉNARÈS.

L'Estampe doit être placée au Chapitre III, qui traite des *Elémens de l'organisation Sociale*.

L'Auteur de la *République* se trouvait, à l'âge de douze ans, à Bénarès : son père, qui voulait lui donner sur le culte de l'Ordonnateur des Mondes, des idées qui fussent à portée de son intelligence, se contenta de jetter en sa présence quelques fleurs, sur un autel formé de trois assises de pierres brutes, que le soleil naissant venait éclairer de ses rayons. Telle fut la Religion des hommes primitifs.

Dans la suite, le Peuple, dégoûté du culte

d'un être qu'il ne voyait pas, tenta de le person·
nifier : on s'en apperçoit à un tronc mutilé de
la Nature, que le vieillard fait déterrer à son
fils, non loin de l'autel. Le jeune *Sage* ne peut
se défendre de contempler, avec une sorte de dédain, ce buste dégradé. » Eh, pourquoi le mépri-
ser, répond le Philosophe ?

. . . . Ce tronc mutilé par le tems,
De Bénarès, un jour, fut le Dieu tutélaire.

BAIN DE ZULMÉ.

La Gravure répond au Chapitre VIII, qui
renferme l'apologue philosophique de l'*Anneau
de Gygès*.

Si cette estampe avait été seule, il aurait fallu
choisir, pour le dessin, le moment où Zulmé
est enlevée mourante par les Eunuques du Roi
de Lydie, ou bien celui où Candaule l'expose
toute nue aux regards de Gigès : mais il y a,
dans *Eponine*, tant d'autres sujets pathétiques,
que, pour varier notre galerie de tableaux, nous
avons préféré une position, qui tirât tous ses
charmes de sa touchante simplicité. La Reine de
Lydie entre, avec reserve, dans le bain fatal,
et sa nudité n'allarme point l'innocence : *ici les
mœurs font ressortir l'abandon de la nature, et
toute la volupté est dans la vertu.*

A 3

Meurtre de l'Eunuque du Grand-Seigneur.

L'estampe regarde le Chapitre IX, *de l'attentat contre la Souveraineté.*

Ce sujet, qui fait honneur aux talens réunis du Dessinateur et du Graveur, rend, jusques dans les plus petits détails, tous les traits du tableau, tel qu'il est présenté dans l'Ouvrage. La nécessité de mettre la scène au milieu de la tente, étendue sur le tillac du vaisseau, a forcé l'Artiste à donner moins de hauteur à ses figures : mais le coup d'œil pittoresque de l'ensemble rend moins sensible l'affaiblissement des proportions des personnages.

C'est Eponine, qui, la main teinte encore du sang du grand Eunuque, dit en soupirant : *J'ai sauvé mon père..... et ma vertu me laisse des remords.*

TOME II.

PORTRAIT D'ÉPONINE.

Les gens de l'art reconnaîtront dans cette tête, le caractère de la beauté Grecque, et les amis d'Éponine, sa parfaite ressemblance.

L'estampe sert de frontispice à ce volume.

ÉVANOUISSEMENT DE ZIMA.

L'estampe répond au chap. XVII, *Des suites de l'attentat contre la Souveraineté*.

Le site du tableau est commandé par le sujet, et rien n'a été oublié par le dessinateur.

C'est l'amant d'Eponine qui baise la main glacée de sa rivale : Malheureux jeune homme !

Cache à Zima les pleurs que fait couler son sort :
Ce baiser, quoique pur, lui donnerait la mort.

ÉPONINE ARME UN CHEVALIER.

Cette gravure a été faite pour le Chapitre XXVI, qui renferme tous les détails de ce touchant épisode.

Ce n'est pas une Héroïne vulgaire, qui, dans une pareille occasion, ose dire à son amant :

La France et la Gloire vous appellent.... Partez.

A 4

TOME III.

PORTRAIT DE ZIMA.

Cette Sultane est représentée avec le casque Grec, qui servait à la déguiser, quand elle entreprit de sauver la vie à l'amant d'Eponine.

Un Elève de l'antiquaire Winckelman prétend que cette tête de Zima ressemble beaucoup à l'Aspasie d'Athènes, telle qu'elle nous a été conservée dans les médailles. J'ignore si notre jeune Grecque pouvait placer la maîtresse de Périclès dans l'arbre de sa généalogie.

Quoi qu'il en soit de cette discussion scientifique, l'estampe doit servir de frontispice au troisième volume de cet Ouvrage.

APOLOGUE SUR LES CONQUÊTES.

L'estampe regarde le chapitre XXXII, qui a pour titre : *Epreuves diverses pour la grandeur d'ame d'Eponine.*

Le sens de cette fable philosophique n'échappe pas à la sagacité de l'aîné des Archiducs, neveux de l'Empereur, *Prince*, dit-il à son frère, *déchirons cette vie de Sésostris ; tout Etat qui conquiert est ce loup rassasié de sang, dont*

*un ennemi attend le sommeil pour le dévorer
à son tour.*

P A N D O R E.

Cette allégorie, sur la chimère du beau métaphysique appliqué à l'ordre social, sert au
développement du chapitre XXXV, qui traite
de l'Optimisme en législation. Le père d'Eponine explique lui-même tous les détails de l'estampe à sa fille ; et le pinceau de l'artiste n'a
fait qu'obéir à la plume du Philosophe.

M O I N E A U D E X É N O C R A T E.

Cette estampe allégorique se place au commencement du chapitre XLI, destiné à vi-
vifier le faible *manifeste de Louis XVI.*

Xénocrate, assis au pied d'un cèdre, cherche
à dérouler le livre fermé de la Nature ; un moi-
neau, poursuivi par un épervier, vient chercher un asyle sur ses genoux : je le protégerai,
dit le Sage :

Il est faible, il a droit au cœur de Xénocrate.

S T A T U E D E C Y R U S.

Il faut mettre cette gravure à la fin du chapitre XLIV, qui traite *du Panthéon Français
et des apothéoses.*

Il s'agit d'une statue de Cyrus, grossièrement
sculptée, sous le costume d'un Législateur,
que rencontra Gengiskan, au milieu des ruines
de l'Asie. Le conquérant Tartare interroge un
Sage de Samarcande sur sa découverte, et celui-
ci lui montre la Muse de l'Histoire, qui fait
justice des fausses apothéoses.

Le père d'Eponine annonce par cet apologue
à l'Evêque du Calvados, le néant de tous les
cultes érigés par l'homme de sang à l'être qui
lui ressemble. L'apostrophe au héros de la Perse
et d'une vérité terrible contre les perturbateurs, dont on fait des Démi-Dieux.

> Le voilà, ce Cyrus, de crimes surchargé,
> Qui, par l'apothéose, évita le supplice ;
> En Dieu, de son vivant, ce Roi fut érigé :
> Mais l'Histoire en fera justice.

TOME IV.

APOTHÉOSE D'ÉPONINE.

C'est au frontispice du volume, où se dénouent les touchantes aventures d'Éponine, qu'il convenait de placer son apothéose. Cette Héroïne paraît au milieu des nuages : la Vérité la dévoile, et la Vertu la couronne.

Une teinte de tristesse répandue sur le visage de la fille de Platon, ne semblerait-elle pas indiquer qu'elle n'a échappé à l'infortune que par l'apothéose ? Tout nous porte à croire qu'Éponine, fille adorée, mère tendre et épouse sublime, n'a fait qu'effleurer la coupe de la félicité : sa destinée était essentiellement liée à celle de la Révolution Française ; et elle a plus souffert de nos désastres, qu'elle n'a joui de nos triomphes.

LA SOUVERAINE PÊCHANT A LA LIGNE.

L'estampe regarde le Chapitre XLVII, destiné à dénoncer aux siècles *un crime de la Révolution Française.*

L'infortunée Souveraine d'un jour, voit avec indifférence, à ses pieds ces frivoles hochets de

la vanité , qu'on appelle un Sceptre et une Couronne : elle se console , en n'obéissant pas , de
ne point commander : on croit l'entendre dire ,
comme Zénobie , en pêchant un faible poisson ,

Cette Ligne est pour moi le sceptre de Palmyre.

ÉPONINE SAUVANT SA RIVALE.

Cette gravure a été faite pour le Chapitre LI,
qui a pour titre : *Combat de courage entre Zima
et Eponine.*

Le tableau qu'elle représente est le plus pathé-
tique de tous ceux qui vivifient cet Ouvrage :
il est difficile d'y mettre plus de poësie que n'a
fait le Dessinateur ; et le Graveur n'est pas infé-
rieur à son modèle.

Eponine, par ce meurtre, justifie la Providence.

A D E L E.

Tous les gens de goût connaissent l'idée originale de ce joli dessin , fait primitivement pour
des chansons oubliées ; et qu'il est permis de ra-
jeunir aujourd'hui, pour rendre plus piquantes
les leçons philosophiques du Disciple de Socrate.

C'est au Chapitre LIV où est l'Histoire *de
l'Ambassade de Léopold à Platon,* qu'il faut placer cette estampe.

L'épigraphe est dans la bouche de la Bergère :
*Laisse-moi encore aujourd'hui étre à mon père....
demain...*

LIT NUPTIAL.

Le rêve déchirant de Zima, qui donne l'idée
du Lit Nuptial d'Eponine, se trouve au chapitre LX, qui dénoue toutes les avantures des
Héros de *la République.*

C'est à l'infortunée Sultane qu'échappe cet
aveu consolateur : *Oui, tout m'annonce que
l'autel de l'Hymen ne recevra d'autre sacrifice
que celui de la vertu.*

SUPPLÉMENT D'ÉPONINE.

TOME I.

Frontispice de la première Constitution Française.

Le génie de la Philosophie paraît dans l'enthousiasme ; et, s'adressant à l'astre naissant
qui l'éclaire de ses rayons, il s'écrie :

*O Soleil, ame de la nature! viens me dicter
une Constitution aussi pure que ta lumière.*

LÉONIDAS.

Ce portrait du martyr de la Liberté Spartiate,
doit être placé à la tête des Fastes de la Révolution
Française ; et avec d'autant plus de raison, que
la France, à l'époque de sa première Constitution,
était, à l'exemple de Sparte, une vraie Répu
blique Royale.

EXPLICATION

Frontispice de la Constitution Républicaine.

La Philosophie est à genoux, soutenant une urne cinéraire, qu'elle présente au génie de la France.

Cette urne renferme la cendre de la Patrie......
O France, c'est à toi à la revivifier!

TOME II.

PORTRAIT DE PLATON.

La modestie du père vénérable d'Eponine s'étant toujours refusée à toute espèce de célébrité, nous avons suppléé à son portrait par celui du plus grand de ses ayeux, du Disciple immortel de Socrate.

Le portrait de Platon doit servir de frontispice à la Constitution du Philosophe.

PHIDIAS.

Cette estampe, où Phidias est représenté au moment où il vient d'achever la statue de Jupiter, doit être placée en face du titre IX de la Constitution du Philosophe. C'est un apologue terrible contre les cultes faits par les hommes :

Je t'ai fait, Jupiter, et ne saurais te craindre.

BILLET D'ÉTAT.

Cette gravure, la moins piquante du recueil, mais la plus importante peut-être, regarde la page 177 du chapitre des *Mélanges* où cette théorie de la dette Nationale est développée.

J. DEL. DE SALES.

Tantot il prend en main le fceptre de l'Hiftoire:
Tantot a la Nature il ravit fes fecrets:
Mais plus fier d'un ami que d'un brillant fuccès,
Il eft content de furvivre a fa gloire
S'il ne doit point furvivre aux heureux qu'il a faits.

PRÉFACE.

J'ERRAIS, dans un de mes plus harce
Voyages, au travers des ruines silentieu-
ses d'une métropole du Monde, qui, après
avoir long-tems influé sur le bonheur des
hommes, ne tenait plus que de son antique renommée, un titre à leur reconnaissance.

Quelques restes informes de Temples
Périptères, quelques tronçons de colonnes d'Ordre Ionique, attestaient que les
Grecs avaient introduit dans cette Métropole, le goût pur du Siècle d'Alexandre.

Un groupe de Statues un peu mieux
conservées, fixa mes regards : il appellait
involontairement une sorte de recueillement religieux, soit par l'attitude dramatique des personnages dominans, soit

B

par l'éloquence muette du massif sur lequel reposait le Monument, et qui représentait les Arts éplorés, fuyant au travers des débris confondus des Trônes et des Autels.

La Statue du centre était colossale ; elle semblait représenter une mère assassinée par ses nombreux enfans. L'Artiste l'avait sculptée, au moment où les parricides venaient de lui plonger un poignard dans le sein ; l'infortunée regardait couler son sang, comme dans le beau *Gladiateur mourant* du Capitole ; une douleur calme qui altérait ses traits, semblait venir de l'affaissement de ses organes, plutôt que de l'absence de son courage ; un de ses bras était appuyé sur une beauté de vingt ans, qui avait la taille svelte, le regard timidement expressif, et la pudeur voluptueuse de la Venus de Medicis ; et on lisait à leurs pieds, sur le marbre de la base : *je serais encore la* PATRIE, *si j'avais écouté* EPONINE.

La composition hardie et pure de ce
Monument, l'expression touchante des
principaux personnages, peut-être encore
plus ce nom d'*Eponine*, qui ne présentait
qu'un sens vague à ma pensée, m'entre-
tinrent très-long-tems dans une pénible
rêverie. Je consultai les Sages de toutes
les Nations ; je parcourus les livres de tous
les âges, pour avoir quelques traits de lumière ; et le nuage, que je voulais dissiper,
ne fit que s'épaissir autour de mon intelligence.

J'étais sur le point de regarder ce groupe
antique comme le jeu brillant de l'imagination désordonnée de quelque Phidias,
lorsqu'un manuscrit, dont l'éloquent auteur d'*Emile* me fit dépositaire, m'offrit
les premières données, pour la solution
du problème.

Non loin de l'époque de cette découverte, la France demanda un Code Philosophique, non à ses Rois, mais aux

lumières, devant lesquelles les Rois ne sont rien : dès-lors j'eus une idée précise du mot *Patrie*.

Je rencontrai ensuite, sur les mers qui bordent le Péloponèse, un vieillard à grand caractère, issu de Platon, et fait par son génie, soit pour juger la *République* du disciple de Socrate, soit pour en créer une autre, supérieure encore : et ce vieillard se trouva le père d'*Eponine*.

L'Ouvrage suivant, que j'ai recueilli, et dont l'idée originale appartient à Platon, renfermera le développement entier du Monument antique, et l'explication de la devise Grecque, qui fait dépendre le salut de la *Patrie* de sa confiance aux lumières d'*Eponine*.

Les Gouvernemens oppresseurs que la philosophie de ce Livre dévoile, ne sont plus à portée de punir l'Auteur de son courage et de ses lumières. Platon n'est

plus en Europe depuis la fin de 1791 ; ce
Sage, dont la pensée fut toujours indépendante, a voulu que sa personne le fut
aussi ; il a porté ses pas loin de ces terres
inhospitalières. où l'homme libre appelle
les Révolutions, qui sont l'ouvrage des
lumières, et où l'homme de sang les fait
avorter. Il respire en 'paix avec sa céleste
Eponine, à l'abri du despotisme aveugle
des Trônes absolus, et de la tyrannie rai-
sonnée des Républiques.

Mais, au défaut de Platon, moi je me
mets en présence de la loi : je me nomme
à la tête de cet Ecrit, qu'il m'abandonne,
pour prouver la pureté de ses principes;
et je le fais avec d'autant plus de confiance
en ma Patrie, que même en ma qualité
de simple Editeur, il y a quelque péril
à l'avouer.

"Lorsque la presse était esclave et que
je voulus être libre dans la *Philosophie
de la Nature*, et dans l'*Histoire des*

B 3

Hommes, je crus inutile de surcharger d'un vain nom le frontispice de ces Ouvrages ; ils étaient faits pour aller, sans cet orgueil puéril, à la gloire ou à l'oubli. Cependant, lorsqu'un Gouvernement oppresseur s'allarma de leur succès; lorsqu'on voulut me punir d'avoir précédé de 20 ans l'époque d'indépendance où nous venons d'entrer, je pensai qu'il était de mon devoir de me nommer aux tribunaux faibles ou prévaricateurs, qui s'étaient chargés de me proscrire. Quelqu'absurdes que soient les loix d'un Pays, elles ont droit d'interroger la pensée qui les dégrade : tout Citoyen, qui a quelque courage, doit donc donner son signalement à ses contemporains qu'il flétrit, lorsqu'il les dénonce à la postérité.

Déjà plusieurs fois, depuis l'insurrection de 1789, la France a changé de Gouvernement ; on l'a vue exiger des Peuples, etonnés eux-mêmes de leur inconstance, des sermens contradictoires ; se faire à grands frais des objets de Culte, pour les plonger ensuite dans la fange; créer péniblement un Code qui devait être éternel, et le renverser. Paris, à cet égard, semble le foyer du Vesuve; tout ce qui est adossé à cette montagne ardente, est mobile, comme le théâtre de ses éruptions : aujourd'hui la Nature y est dans toute sa pompe, et demain l'incendie dans toute son activité; on vient de parcourir les jardins d'Armide, et, en se retournant, on ne retrouve plus qu'un désert.

Je sais qu'au milieu de ce conflit toujours subsistant d'opinions politiques qui se heurtent, de paradoxes qui se croisent, de vérités à qui on confie le drapeau de l'erreur, et d'erreurs qu'on couvre de l'uniforme de la Vérité, on pourrait toujours, en choisissant bien son tems pour la publication d'un Livre, ne point lutter contre les préjugés dominans de ses contemporains : mais tant de circonspection s'allie mal avec la hauteur de l'entendement du

B 4

Sage. Malheur à l'Instituteur des hommes, s'il croit régénérer son Pays avec des Loix de circonstances ! Malheur à la Philosophie qui louvoye, quand l'intérêt général lui dit de cingler à pleines voiles vers la Haute-Mer, pour arriver plutôt au Port de la Vérité.

Si quelqu'Ouvrage dut susciter des ennemis puissans, c'est celui-ci. Nous vivons au milieu de Sectes ardentes à se détruire, et il les attaque toutes ; il fait luire un jour terrible sur toutes les erreurs dont la France s'ennivre ; il plane, comme le Héros d'Andromède, sur toutes les Chimères, pour les anéantir.

Il fallait que l'Auteur de cette *République* fut bien persuadé que son Livre n'était pas fait pour sa génération, puisqu'il demanda expressément qu'il ne fût imprimé que l'an dix-huit cent.

En avançant ce terme d'un petit nombre

d'années, je jette peut-être la pomme de discorde parmi toutes les Divinités Plébéiennes, qui se disputent le droit de gouverner la Patrie naissante qu'elles organisent. Mais du moins j'aurai eu le courage de faire germer, avant le tems, des vérités hardies, que l'amour raisonné des hommes pouvait seul inspirer. Après avoir lutté vingt ans contre la haine des Despotes, j'en lutterai peut-être vingt autres encore contre la haine des Factieux, et j'aurai vécu.

Enfin, malgré Platon, la première Edition de son Eponine parut; je pensai alors que si ce Livre était de nature à avoir un petit nombre de lecteurs, il ne devait sans doute compter sur aucun partisan. Je voyais les esprits trop en effervescence, pour juger sainement un Ouvrage écrit dans le silence de toutes les passions; je sentais que lorsque tout le monde descendait sur le champ de bataille, armé d'une opinion particulière qu'il tenait des Agitateurs, le Sage aurait mauvaise grâce de s'y présenter, seul, sans uniforme et sans drapeau.

Telle était ma défiance sur le succès de cette *République*, que j'adoptai, à sa publication, un silence absolu ; je n'osai en envoyer des exemplaires aux êtres qui m'étaient les plus chers ; je ⬤ voulais point compromettre l'amitié par un pareil hommage.

Il est vrai que ce néant, auquel je me condamnais, était peu fait pour humilier ma raison. « Que m'importe, me disais-je, » la destinée littéraire d'un Écrit fait pour » l'élite des Législateurs ? Ne serait-il pas » flétri par l'encens des distributeurs vul- » gaires de la Renommée ? Qu'il meure, » s'il le faut, dans ces tems de trouble, » où il est permis de tout imprimer, ex- » cepté la mâle et austère Vérité ! Mais » un pressentiment consolateur m'assure » qu'avant le dix-neuvième siècle, il re-

» naîtra de sa cendre : alors on s'étonnera
» de son oubli ; alors on dira : ce Livre,
» qui déposait contre des erreurs univer-
» selles, **a** pu être écrit par un homme
» de bien ».

Mais toutes ces compositions adroites,
avec l'amour - propre , étaient inutiles :
j'avais mal jugé mon siècle ; Platon devait
être deviné , dans les rangs les plus obscurs
où il s'offrirait à combattre , et son nom
seul lui valut une Armée.

La *République* fut accueillie à sa naissance ; les Français de toutes les Sectes
Politiques la lurent avec empressement ;
les étrangers la traduisirent en diverses
Langues ; et ce succès était dû à elle seule ;
car les Papiers Publics , par un silence
coupable ne voulurent pas, en l'annonçant,
lui faire partager leur existence éphémère,
et le néant de leur renommée.

Ce qui devait flatter encore plus le vé-

nérable père d'Eponine, c'est que des lettres, pleines de l'expression la plus touchante, vinrent, pendant un an entier,
lui attester la reconnaissance courageuse
de cette foule d'hommes de bien, qui,
répandus sur tous les points de la surface
de l'Europe, avaient voulu voir, par les
yeux de ce Sage et par son âme, le grand
prodige de la Révolution Française.

Mais quel est ce père d'Eponine, qui
trace ainsi le plan d'une *République* en
France, pour se rendre à-la-fois respectable
et odieux ? A-t il vraiment le droit de s'appeller Platon ? Et quel rapport y a-t-il
entre lui et l'Elève de Socrate, mort par
le crime d'Athènes République, il y a
deux mille ans ?

Toutes ces questions tiennent à un problême compliqué dont, comme je l'ai déjà
fait entendre, la solution parfaite ne se
trouvera peut-être qu'à la dernière page
de ce Livre : si cependant on lui permet d'arriver paisiblement jusqu'à la dernière page.

Au reste, qu'on ne s'attende pas à trouver
ici des évènemens de Féerie, et tout cet
échafaudage de merveilleux, qui tient lieu
de génie à l'homme qui n'en a point : une
République n'est point un roman frivole,
et il ne faut que des ornemens austères,
à des vérités philosophiques, sur lesquelles
repose le bonheur des hommes.

S'il s'y rencontre des faits extraordinai-
res et tels que l'*Ane d'or* d'Apulée pourrait
les admettre, c'est que souvent dans l'Histoire on est vrai sans être vraisemblable.
Ouvrez Polybe ou Tite-Live, et voyez
combien la raison se révolte du combat
de Coclès contre une armée, et du siège
du Serpent de Bagrada par l'armée de Régulus.

Ici tous les faits que notre Philosophe
invoque à l'appui de sa théorie, sont de
l'exactitude la plus scrupuleuse : je n'en
excepte pas les deux anecdotes si étranges
du soldat Autrichien crucifié, et de l'abandon de l'Empereur Joseph par ses troupes,

pendant le siège de Belgrade. L'imagination ne joue quelque rôle dans la *République*, que dans les chapitres de Pandore
et de l'Anneau de Gygés, et ces chapitres
y sont annoncés comme des apologues.

Quant à la navigation du Cosmopolite,
aux touchantes avantures de Zima et de
sa céleste rivale, au sublime assassinat
commis dans la forêt d'Orléans, et à tous
ces faits accessoires qui, en liant les parties
isolées de la *République*, servent de points
de repos à l'entendement du Lecteur, quel
serait le motif du Sceptique pour en soupçonner l'authenticité? Ici la vérité n'est-
elle pas toute entière dans la vraisemblance?
Je puis pardonner à des lecteurs superficiels, s'ils ne connaissent pas ce Monument
Philosophique, de s'étonner de tous les
tableaux mouvans qui le vivifient ; mais
tout homme, qui a lu l'Ouvrage entier,
et qui, en doutant de l'existence de Platon
et d'Eponine, calomnie les larmes qu'ils
lui ont fait répandre, est à jamais jugé
pour moi.

Telle est, à cet égard, la sévérité de mes princip s, que je rejetterai jusqu'à l'apologie ingénieuse qu'ont faite des épisodes de ce Livre, des hommes plus sensibles que justes ; ils ont dit qu'Eponine, toute imaginaire qu'elle serait, se trouverait encore à sa place dans une *République* traduite du Grec ; parce qu'aux yeux des appréciateurs du goût pur de l'Antiquité, tout tableau qui porte le nom de Platon doit avoir une bordure dramatique, afin que l'homme de goût puisse reconnaître s'il est original.

Je ne veux point que la franchise compose ici avec le goût : si l'imagination ne joue aucun rôle dans cet Ouvrage, il faut avoir le courage de le dire, même aux hommes qui prononcent que, sans imagination, on ne peut créer de *République*.

Oui Platon, tu existes : quel autre que toi pouvait jetter, au milieu de la lie de nos tems modernes, cette foule de vérités

grandes et hardies, faites pour épurer le
Pacte Social, pour réconcilier la Politique
avec la Morale, pour frapper à mort, soit
les Trônes absolus, soit les Phantômes
hideux et sanglans des fausses Républiques ?

Et toi, Eponine, objet immortel de mon
idolâtrie, quel est l'athée de sentiment qui
oserait nier ton existence ? Avec quelle
volupté j'ai vu, dans ce bel âge qui ne
sait point mentir à soi-même, des êtres
ingénus des deux sexes, t'appeller leur
sœur, me proposer de les conduire à tes
genoux, jurer de te suivre au-delà des
mers, pour respirer l'haleine de ta vertu !

Tes Mémoires, céleste fille de Platon,
finissent dans cet Ouvrage, à la célébra-
tion de ton Hymen : mais le fil douloureux
de ta vie n'a point été rompu à cette époque. La France alors, lasse de sa première
Constitution, s'agitait péniblement sous
la verge de l'Anarchie : toi-même, tu ne
reçus

reçus l'époux que le Ciel te devait, que sous des auspices sinistres et dignes des Furies. Il faudra sans doute que, quelque jour, la chaîne de tes longues infortunes se dénoue ; mais quelle sera la catastrophe d'une tragédie, qui m'a fait verser jusqu'ici de si douces larmes? Errante, jouet d'une fatalité, à laquelle la raison la plus sublime ne peut se dérober, emportée par une sensibilité qui fait ta gloire et tes malheurs, n'auras-tu enfin que la pierre du tombeau de ta rivale, pour reposer ta tête : ou bien ta félicité, fruit tardif de ta vertu, justi-fiera-t-elle la Providence ?

Je brûle, et je tremble d'ouvrir le Manus-crit, qui renferme cette partie touchante de ta destinée ; car je sens trop qu'en trans-crivant ces Mémoires, je me suis identifié avec toi : il faut que je sois heureux de ton bonheur, ou que ta mort tragique couvre d'un crêpe lugubre la dernière épo-que de mon existence.

Mais ma sensibilité m'égare : j'oubliais

C

que le goût interdit la chaleur à la tête
d'un livre ; qu'il y a du danger à commander l'enthousiasme à un Lecteur, pour des
Héros qu'il ne connaît pas encore, et que
l'Editeur, même d'une *République*, ne doit
pas être Platon dans une Préface.

Je reviens à la bordure qui entoure ce
tableau des Législations : et je déclare que
s'il en résulte quelques beautés neuves
pour les êtres sensibles, ces beautés tiennent toutes au genre de l'Histoire.

La seule objection que nos Thucydides
pourraient faire, regarde un point de Chronologie. Platon, pour lier le siège de Belgrade à la Révolution Française, s'est permis de rapprocher ces deux époques l'une
de l'autre, de quelques mois ; l'erreur était
si facile à réparer, que j'en ai voulu laisser
le soin au Lecteur. En vérité, peu importe,
dans un ouvrage sur l'architecture générale des Loix, qu'il s'y glisse un si futile
anachronisme ; il n'est pas plus permis de

discuter, en analysant cette *République*, si l'Empereur Joseph II était devant Belgrade en 1788 ou en 1789, que d'examiner, en analysant l'Odyssée, si Ulysse aborda dans l'Isle de Calypso le jour de la fête des Panathénées, ou au mois Grec de Boëdromion.

Peut-être serait-ce un champ bien plus noble pour la discussion Philosophique, de s'assurer si, dans les divers mouvemens qu'on imprime à une grande Nation, qui se régénère, on a droit de louer ou de critiquer l'Ouvrage des Régénérateurs.

Tant de factieux se sont permis en France de louer tout ce qu'ont fait ses Assemblées Nationales, que j'ai douté un moment si l'éloge, en pareil cas, n'était pas un blasphème.

Tant d'hommes sans principes ont distillé leur fiel sur les décrets les plus beaux de nos Rois Plébéiens, que critiquer en masse leurs deux Codes, me semblait, d'un autre côté, une injure réfléchie faite à l'entendement humain.

Sous ce point de vue, les Constitutions contradictoires de 1791 et de 1795, paraîtraient également l'Arche Sainte, qu'il serait défendu, soit de soutenir, soit de renverser, sous peine de mort.

Mais le règne des illusions a disparu; et depuis l'avènement de la Raison, tout le monde, sans être Lévite, a droit de porter ses regards curieux sur l'Arche de la Politique, comme sur celle de la Religion.

Ce sont les lumières seules qui ont fait la Révolution à son berceau; et quelle autre cause pourrait en expliquer la durée? Si c'étaient des hommes qui eussent créé aux Français une Patrie, croit-on qu'elle subsisterait encore, depuis quatre ans, au milieu de la ligue de tant de Despotès Étrangers, et de tant de Tarquins Populaires pour l'anéantir?

Si ce sont les lumières qui ont fourni les bases de nos loix, c'est à elles, et à elles seules peut-être, qu'il appartient de veiller à ce que l'Edifice Politique conserve son à-plomb, et qu'il s'élève sans crevasses, jusqu'à ce qu'il atteigne son couronnement.

La raison a pu jetter l'idée mère de notre révivification : mais ce sont des hommes revêtus de sa livrée qui nous ont révivifiés : on peut donc, sans offenser la Philosophie, discuter l'ouvrage des Philosophes.

Si du moins les Philosophes, qui ont fait nos Loix, avaient porté les noms de Lycurgue, de Zoroastre, de Locke, de Montesquieu, ces noms consacrés à l'éternité, devant lesquels la terre se prosterne en silence ! Mais il n'en est presqu'aucun, dans l'Assemblée Constituante, dont les

C 3

talens pour la Législation ne soient nés en 1789 ; et il ne faut point leur en faire un reproche amer : car si on pouvait, avec de l'esprit, du zèle, et un patriotisme de principes, suppléer à l'étude approfondie des grands rapports, qui lient l'homme de la Nature à l'homme Social, le grand œuvre de la Politique serait trouvé, et je serais le premier à brûler cette *République.*

Je n'ai point le droit d'examiner le Code nouveau de 1793, pendant qu'une Nation Souveraine le discute et le rectifie (1) ; cependant on voit, en le parcourant, que les hommes peu connus, qui l'ont rédigé, ont eu pour but de servir la chose publique, d'après les idées contemporaines, plutôt que de faire un ouvrage de génie. D'ailleurs, personne n'ignore que cet Evangile Populaire a été le fruit de quelques

---

(1) C'est en Juillet que se rédige cette Préface, et ni Platon, ni moi, ne pouvons prédire si cette Constitution de 1793 aura plus de durée que celle de 1791.

jours de Révélation, et que, jusqu'au moment que la volonté générale librement énoncée le sanctionne , l'adhésion des volontés individuelles est plus du domaine de la Foi, que de celui de la Raison.

Le peu d'autorité que présente le nom d'un Législateur, constitue donc, pour tout élève de Socrate, un droit philosophique à l'examen raisonné de sa Législation.

A cette considération, s'en joint une autre dont il est difficile d'éluder la force. Nos deux Conventions Nationales, en conférant à tout homme le droit d'examiner le Contrat éternel qui le lie à l'Etre-Suprême, ont donné, à plus forte raison, à tout Citoyen celui d'examiner le Contrat passager qui l'enchaîne à la Patrie naissante. Nos Représentans s'indigneraient de se voir protéger, par une foi aveugle, qui ferait soupçonner le néant de leurs œuvres ; ils n'ont garde de s'affranchir des

regards des lumières, quand ils ont eu l^{e}
courage d'y soumettre jusqu'à la Religion.

Si nos Constitutions sont aussi pures
qu'on a eu dessein de les tracer, que peut
contre elles l'opinion d'un Philosophe,
quand même il serait l'interprète d'une
partie de ses Contemporains; quand, à
l'exemple de l'Esprit Ténébreux de l'Evangile, il s'appellerait *Légion?*

Des Codes donnés, par la raison seule,
à un grand Peuple qui se suffit à lui-même,
doivent avoir la durée de leur principe;
ils doivent survivre à la haine des Sectes
et à leur enthousiasme, aux Empires qui
les combattent, et aux Livres qui les of-
frent pour modèles.

Il me semble donc que les deux Constitutions Françaises, dans la supposition où on
les ferait servir de base à tous les Codes de
l'Europe, ne doivent jamais être envelop-
pées d'un voile religieux, ainsi que les

Cultes de l'Egypte et de l'Orient. S'il est permis aux Sectaires de croire que l'Esprit de Dieu en a dicté toutes les syllabes comme de la Bible des Rabbins, il doit l'être aussi aux bons esprits d'en montrer les taches, pour faire ressortir encore mieux les beautés mâles et sublimes dont leurs enthousiastes disent qu'elles étincellent.

Qui sait même si la critique sage et motivée de Platon, n'honore pas plus les Législations qu'elle apprécie, que des éloges sans principes et sans mesure, avec lesquels on fatigue jusqu'à l'amour-propre des Législateurs ?

Ma tendresse pour l'auteur de la *République*, me fait peut-être illusion ; mais il me paraît qu'il est entraîné, à-la-fois par son génie et par son ame, à rendre l'hommage le plus pur à toute Révolution, qui, fondée sur la morale et sur l'épurement du Pacte-Social, ne s'écarte jamais de ses élémens, qui mène à la liberté par le spectacle seul du bonheur qu'elle procure, et qui, généreuse envers les infortunés qu'elle dépouille de leur pouvoir, n'imagine que des loix bienfaisantes pour cacher l'opprobre de la défaite, et expier le crime de la victoire.

Quand l'occasion se présente de faire l'éloge, soit de la première insurrection Parisienne, soit des personnages qui en ont été les mobiles, il le fait avec une complaisance qui décèle son penchant à ne laisser couler sa plume que pour louer.

Lorsqu'entraîné par la justice des siècles dont il se rend l'interprète, il se voit contraint de censurer des hommes injustement célèbres, il le fait avec une répugnance égale à sa fermeté : c'est Brutus, que sa qualité de Consul de Rome oblige à dévouer son fils à la mort ; il subit, comme juge, le même supplice que la victime.

On s'étonnera sans doute de ce que cet

Ouvrage ne cite qu'avec indifférence certain évènemens, dont on n'a parlé long-tems qu'avec le délire de l'enthousiasme : c'est qu'on a su y apprécier les jugemens des États qui tendent à devenir Populaires ; on s'est rappelé que par-tout où la Démocratie domine, le héros du jour est un scélérat le lendemain : et que Démétrius Poliocerte, après avoir travaillé une vie entière à se faire ériger, dans Athènes, trois cents soixante-cinq statues, n'attendit qu'une nuit pour les voir renverser.

D'ailleurs, pourquoi condamnerions-nous Platon à ne voir la Révolution Française que d'après les préjugés de nos factions ? Est ce qu'un objet se présente sous le même point de vue, à un spectateur placé à Paris, et à un autre placé au Péloponèse ? Est-ce que le berceau sublime de notre liberté, offrira le même aspect l'an 1794 et l'an 1800 ?

Voilà plus d'un motif pour lire cette

République avec quelque indulgence : cependant je connais trop les flots de cette
Mer politique, où je suis contraint de
voguer, pour ne pas pressentir tout le
néant d'une pareille apologie. Platon n'a
rien de ce qui peut le faire respecter dans
un Empire, qui commence à rougir d'avoir
été régénéré par les lumières ; il ne ménage
point le parti qui dispense la gloire ; il sera
cru plus faible que sensible par les oppresseurs, plus fanatique de la Liberté que
Républicain, par les opprimés : et sur cette
clameur publique, l'homme de bien qui
ne lit pas, le condamnera sans l'entendre.

Eh bien ! ces cris factieux ne s'éleveront
pas si haut que le courage des vrais hommes
libres, dont je suis l'interprète. Platon,
tout perturbateur qu'il s'annonce, des jouissances anti-patriotiques, n'est pas le seul
de son opinion ; il a écrit, d'après son
ame, et tout ce qui est Citoyen, pense
d'après la sienne ; il n'y a personne, parmi
les gens de bien, qui n'adopte son Evangile.

Hommes terribles, qui ne nous éclairez qu'avec les torches des incendies, confondez, dans vos vengeances, l'Auteur et ses Lecteurs, et frappez à-la-fois dix millions de victimes!

Et vous, Sages paisibles, qui, de toutes les Capitales de l'Europe, m'avez demandé mon opinion sur la Révolution Française, croyez que l'homme qui publie cette *République*, déjà honorée d'avance de la haine d'un grand nombre de ses Contemporains, n'est pas tout-à-fait indigne de vous : songez que peu de noms sont aussi purs que le sien, dans les Annales de la Liberté ; rappellez-vous que, dans ses nombreux Ecrits, jamais une ligne échappée au Machiavélisme n'a forcé l'honneur à rougir ; Craignez donc de prononcer entre lui et ce que les Catilina, qui égarent la multitude, appellent le public ; et attendez le commencement du siècle qui va naître, pour le juger.

Oh ! si avant cette époque, quelques-unes des idées heureuses de cette *République* , pouvaient germer dans l'entendement des Restaurateurs futurs de notre Législation ! si l'on commençait à se persuader qu'une Révolution préparée par les lumières, ne doit pas s'affermir avec l'épée ! si, avec les noms odieux dont les divers partis se flétrissent, et les rubans ou les écharpes qui les désignent à la haine, on anéantissait toutes ces discordes fatales qui, tôt ou tard, entraîneront dans la même tombe, les vaincus, les vainqueurs, et cette Patrie, qu'on veut créer avec des ruines ! si, dis-je, une partie de ces rêveries vertueuses venait bientôt à se réaliser, il me semble que, tout proscrit que je serais dans ce moment d'orage, j'aurais payé mon tribut de Citoyen à un Pays que j'idolâtre, et que mes veilles, dans l'obscurité dont je m'environne, auraient plus de droit aux regards de la postérité, que la longue léthargie de tant d'hommes nouveaux, qui s'étonnent eux-mêmes de se voir au rang de nos Législateurs.

Je n'attendrai point le succès d'*Eponine*
pour publier la *Constitution du Philosophe*, qui en forme le dernier volume. Dans
ces tems de convulsions politiques, où la
voix des factions seule se fait entendre,
seule se fait applaudir, un succès est souvent un signe de réprobation, et ma fierté
s'en indigne; je ne me déterminerai que
par le péril de la chose publique. C'est alors
que la Patrie dit, d'une voix tonnante,
à tout Citoyen qui a l'ame élevée : *Brutus,
éveilles toi !*

Je ne suis point Brutus; nés dans la lie
d'une Monarchie dégénérée, l'Infini nous
sépare de ces êtres à grand caractère, qui,
à force de génie, menèrent un Peuple
neuf à la prospérité, par les mœurs et la
vertu.

Et quand même j'aurais l'ame des Héros
de Rome libre, je me garderais bien d'en
usurper le nom. Il n'est permis à personne
de se revêtir d'un titre consacré par l'i-

dolâtrie des siècles, s'il n'est déféré par le suffrage unanime d'une Nation recon- naissante : autrement on s'expose à mentir au Ciel et à sa Patrie. On flétrit la mémoire d'un grand homme, sans rien diminuer de sa bassesse originelle et de sa nullité.

Mais lorsque mon Pays voudra ressus- citer la Rome des Cincinnatus et des Curion, tout obscur que je suis, je saurai ressusci- ter, sinon la gloire des Héros Républicains, du moins leur courage. S'il est des Dé- cemvirs qui écrivent des Loix avec du sang, j'écrirai les miennes avec la plume pacifique de Fénélon et de Marc-Aurèle ; s'il est des Tarquins littéraires, qui cir- conscrivent la liberté de penser, j'évoquerai l'ombre de Brutus pour les éclairer et les punir.

SUPPLÉMENT

Par les nouveaux Editeurs.

CETTE Préface semble destinée à faire aimer l'homme, dans l'auteur de la *République* ; on regrette que l'éloge de l'homme d'état n'y soit qu'effleuré : et je vais consacrer quelques lignes à suppléer à son silence.

L'homme d'état est celui qui embrasse d'un coup-d'œil l'ensemble et les rapports des législations nées et à naître : qui, combinant avec sagacité toutes les probabilités philosophiques, découvre dans le bien momentané que l'insurrection d'un grand peuple fait naître, les élémens du mal durable qui va le suivre : dont le génie déroule assez le rideau de l'avenir, pour lire sur l'œuf de Colomb

D

la découverte du Nouveau Monde, et sur
celui de Léda, l'enlèvement d'Hélène et
la prise de Troye.

En un mot, il n'y a de politique par
excellence, que l'écrivain profond qui lie
avec justesse les causes qu'il apperçoit,
avec les effets qu'il ne peut que pressentir. Il faut que la philosophie soit pour
lui le trépied de la Pythie; que les événemens s'arrangent d'eux-mêmes à la
suite de ses oracles, et que, dans le livre
qui prédit des désastres aux Empires qu'on
désorganise, la postérité des peuples dé-
sorganisés y lise son histoire.

A cet égard, Platon a été dans la religion de la politique, le plus grand des
prophètes.

Il a dit en propres termes : « on peut
» embrasser la Révolution Française d'un
» seul regard, et la peindre d'un seul
» trait. Ce sont les lumières qui ont mis

» aux législateurs l'épée à la main : d'au-
» tres législateurs viendront dans la suite
» des âges, et ils feront servir cette épée
» à détruire l'ouvrage des lumières.

Il a annoncé que le despotisme populaire, comme celui du Calife Omar, anéan-
tirait un jour tous les bons livres de la
Bibliothèque d'Alexandrie, ou, ce qui serait plus déplorable encore, les empêche-
rait de naître.

Il a prédit la guerre civile et la guerre
étrangère : il a déclaré qu'un jour le cour-
roux des législateurs en viendrait jusqu'à
ordonner une Saint-Barthélémy de prêtres
et de g ntils-hommes.

Et comme tous ces oracles sont tirés
de la première édition de la *République*,
qui parut au commencement de 1791,
il est évident que ce n'est que par l'ins-
piration de son génie que l'auteur a pu

appeller la douleur des siècles sur des désastres, dont une partie a éclaté en 1792
et en 1793.

Telle est une partie des oracles sinistres, qu'on rencontre dans la première
édition d'Eponine. Platon s'exprimait
ainsi sur la Révolution Française, lors de
l'Assemblée Constituante; et il faut avouer
tout ce qui s'est passé depuis cette époque, jusqu'à ce moment, est un garant authentique de sa véracité. Un prophète pareil est bien supérieur aux Py-
thies et aux prêtres inspirés des Révélations; c'est que la philosophie, comme
je ne puis me lasser de le répéter, dévoile
mieux l'avenir que les exhalaisons du trépied de Delphes, et la foi aux visions sacrées du Coran et du Pentateuque.

Mais, en rendant hommage à la pers-
picacité de Platon, il faut être juste envers le gouvernement actuel. Les Plé-
beïens éclairés qui en tiennent les rênes,

ont sans doute l'intention d'étouffer, dans leurs germes, nos dissentions fatales, en prévenant à jamais le choc sanglant de la Démocratie qui s'organise contre les débris du trône qui s'écroule, et c'est pour y parvenir qu'une Constitution vraiment populaire vient d'émaner du sanctuaire de notre législation.

La portion de l'esprit général, qui se manifeste, au moment où cette Préface s'imprime, est que ce Code Républicain, dès qu'il sera librement accepté par une Nation Souveraine qu'on éclaire, devienne un centre de ralliement pour tous les partis, qu'une longue guerre a épuisés : un Pavillon commun, qui fasse fraterniser les navigateurs de toutes les Puissances qui se rencontreront sur la mer des tempêtes.

Mais ce grand effet ne peut s'opérer qu'avec la paix intérieure : c'est-à-dire, lorsque les instrumens terribles des vengeances publiques disparaîtront ; lorsque personne n'ayant à desirer un nouvel ordre de choses, il ne se trouvera plus de complots à imaginer ou à punir : lorsque chaque citoyen, pliant également devant la loi qui le protège, il aura un grand intérêt à défendre ce que son cœur sensible lui dit d'aimer.

Alors s'évanouiront, au grand jour de la vérité, tous les pressentimens sinistres de l'auteur d'*Eponine*.

Et si Platon, d'après l'expérince constante de tous les peuples et de tous les âges, persiste à démontrer qu'un Code essentiellement populaire est l'arrêt de mort de tous les grands Empires, nous lui opposerons une réponse sans réplique : nous lui présenterons le tableau de nos victoires et de notre prospérité.

Déjà nos victoires ne sont plus un problême; la France République a défié l'Europe conjurée contre son gouvernement : et ses soldats sans tactique, sans discipline, sans généraux, par le seul instinct de leur bravoure, ont triomphé d'elle. Cette gloire n'est pas un argument vulgaire, en faveur de la légitimité d'une cause; il est rare que le fanatisme de la politique ait ses martyrs, comme le fanatisme de la religion; et on n'est pas tenté de révoquer en doute la sagesse d'un receuil de loix, quand c'est pour le prouver que des millions d'hommes libres vont mourir avec gaité dans les champs de bataille, ou sur l'échaffaut.

De nos victoires, pourra dériver la paix intérieure de l'État, et par contre-coup sa prospérité.

Alors les oracles d'*Eponine*, si terribles et si vrais, quand il s'agit de la France Monarchie, se tairont, comme ceux des religions que la philosophie a dévoilés, quand il s'agira de la France République.

Et Platon lui-même, revenu d'une longue erreur qu'il partageait avec tous les hommes de génie de l'antiquité. à la vue des fruits heureux du régime populaire, brûlera son propre ouvrage, la *Constitution du Philosophe*, sur les autels de la Patrie et de l'Égalité

HISTOIRE

DE LA DÉCOUVERTE

DU MANUSCRIT

D'ÉPONINE (1).

J'ÉTAIS très-lié, comme le savent nos quarante-quatre mille sociétés de l'égalité, avec l'immortel Jean-Jacques, que je ne vis jamais; avec ce Jean-Jacques, à qui on a fait créer la révolution Française, par le moyen du *Contrat social*, qui la détruit à chaque page. Le hazard lui avait procuré la lecture de mon manuscrit de trente lignes, sur les moyens de faire de l'Encyclopédie

(1) Un fragment mutilé de cette histoire a été imprimé, il y a quelques années, sans mon aveu, à la tête d'un théâtre : j'en préviens les Saumaise et les Dacier des siècles futurs, afin qu'ils ajoutent cette variante aux commentaires doctement soporifiques, dont ils enrichiront un jour quelqu'édition in-folio de cette *république*.

un excellent ouvrage, l'an 3520 de notre
ère vulgaire. Il y avait découvert le germe
de quelques-unes de ses idées philosophiques ; et le Sage, toujours conséquent, se
flattait bien de faire un jour de moi un ami
de la vérité et un ennemi des philosophes.

Il s'était formé entre nous, pendant sa
retraite à Erménonville, une correspondance assez régulière ; mais c'était à condition que la barrière qui séparait nos deux
personnes ne serait jamais rompue. « J'aime
» assez la nature humaine, m'écrivait-il,
» mais les hommes me sont odieux ; ils
» n'ont de la franchise que dans ce qu'ils
» écrivent pour la postérité, et je les fuis
» pour ne vivre désormais qu'avec leurs
» livres, et sur-tout avec moi-même. Je
» vois avec un charme inexprimable la can-
» deur de votre âge, votre enthousiasme
» pour le vrai, peut-être même votre faible
» pour les ouvrages, auxquels je dois ma
» célébrité et mes malheurs. Mais tout ce
» qui m'a fréquenté a cherché à me nuire,
» et afin de continuer à vous estimer, je
» dois renoncer à vous voir ».

Je n'ai point cherché à rompre mon Ban, et Jean-Jacques, jusqu'à sa mort, a été pour moi le *Dieu inconnu*, auquel Athènes érigea un autel.

Enfin, le 24 février 1776, jour choisi par le philosophe de Genève, pour placer sur l'autel de Notre-Dame les fameux dialogues, où il dévoue à la haine publique une foule d'ennemis qu'il n'avait pas, un étranger vint m'apporter, avec mystère, de sa part, un paquet cacheté, avec ordre de ne l'ouvrir que cinq ans après la mort du vertueux misan-thrope. La suscription portait : *A l'homme qui aura le courage d'apprendre l'histoire de ce manuscrit, en déchirant ses enveloppes.*

Mon illustre ami mourut le 2 juillet 1778, et sa tombe, en se fermant, engloutit l'envie qui cherchait encore à troubler sa cendre. Le 2 juillet 1783, je me rendis à Ermé-nonville, dans l'isle des Peupliers. Là, courbé sur le mausolée du sage de la nature, je pris, avec une palpitation du cœur, dont je ne pus me défendre, le manuscrit dont

E 2

j'étais le dépositaire, et je déchirai la première enveloppe.

Un nouveau cachet me parut fermer le
manuscrit. On lisait, en gros caractères,
autour du sceau : *Fontenelle, à l'homme
que sa patrie et son ame rendront doublement républicain.* Jean Jacques était cet
homme, et je vis bien que le paquet avait
été remis à son adresse.

Je rêvais sur la bizarrerie d'évènemens qui
avait pu lier ensemble une ame de feu avec
le plus froid et le plus apathique des philosophes, lorsqu'un mouvement machinal
me fit retourner le paquet : je lus alors,
sur le revers de l'enveloppe, ces mots tracés de la main de l'ingénieux historien de
l'Académie :

« On menace d'une mort cruelle le dé-
« positaire indiscret qui ouvrira ce manus-
» crit : je ne crois point à la boîte de
» Pandore, et la curiosité, devenue une
» arme entre les mains du philosophe, ne
» tue que les préjugés. Cependant, dans

» le calcul des probabilités morales , quand
» il s'agit d'affronter un danger éminent ,
» sans qu'il en résulte un puissant intérêt ,
» n'y eût-il à redouter que l'unité contre
» cent mille, le sage ne doit point s'y ex-
» poser. D'ailleurs , si ce manuscrit ren-
» ferme des vérités terribles , à quoi bon
» le feuilleter ? L'homme n'est fait que pour
» les douces erreurs qui le bercent dans
» le songe fugitif de la vie; et si la na-
» ture avait renfermé toutes les vérités
» dans ma main, je me garderais bien de
» l'ouvrir, pour me donner des lumières
» fatales , et m'ôter à la fois mon bonheur
» et mon bandeau ».

A mon âge , on ne craint ni les lumières ,
ni les dangers, et sans me donner le tems
de la réflexion , je brisai le cachet de Fontenelle.

Le manuscrit, à ma grande surprise, ne
parut pas encore. A la place, je vis une espèce
d'amulette, entourée de plusieurs bandes
de parchemin , qui se croisaient d'une fa-
çon mystérieuse; on appercevait, à la né-

gligence des plis, que cette espèce de sceau
avait été ouvert, et ensuite rétabli. Impatient d'arriver à la découverte de mon
trésor littéraire, je rompis le nœud gordien
au lieu de le dénouer, et voici ce que je
lus dans l'amulette.

« La mort dont on veut m'effrayer n'est
» pas plus cruelle que ma vie. Je vois sans
» cesse une abyme derrière mon fauteuil;
» et je serais trop heureux si, en m'y pré-
» cipitant, j'entraînais avec moi les esprits
» forts, que je démasque dans mes *Pensées,*
» et les Jésuites que je foudroie dans mes
» *Provinciales* ».

Blaise Pascal, malgré l'abyme de sa métaphysique et celui de son fauteuil, était
un grand homme. C'est lui qui a ouvert le
siècle de Louis XIV. Il faut chercher son
génie, non dans ses amulettes, mais dans
ses Pensées, dans son Traité de la Rou-
lette, et sur-tout dans ses Satyres immortelles contre une Société qui n'est plus.

Avec l'amulette tomba l'enveloppe, et

je vis sur la nouvelle adresse, que le philosophe qui avait fait l'envoi, était cet infortuné Galilée, qui, après avoir découvert par la force de son génie, que notre globe tournait autour du soleil, fut obligé, à l'âge de quatre-vingts ans, de demander pardon au grand inquisiteur d'avoir eu raison en astronomie.

Et cependant la terre, à sa course fidelle,
Emportait Galilée et son juge avec elle.

Galilée avait reçu le manuscrit du raisonneur par excellence, de Montaigne, qui le tenait du fou philosophe Rabelais. Ce n'était pas la perspective d'une mort prématurée, qui avait engagé l'auteur des *Essais* et celui de *Gargantua* à respecter leur dépôt, mais seulement (comme ils le disaient eux-mêmes) leur incuriosité. L'illustre Sceptique de Bordeaux s'était habitué à reposer nonchalamment *sur l'oreiller de l'insouciance*. Pour le facétieux curé de Meudon, on sait qu'ayant passé sa vie épicurienne à se jouer de tout, il la ter-

E 4

mina en disant : *je vais chercher un grand peut-être.*

Rabelais, étant fort jeune, avait suivi le cardinal du Bellay dans son ambassade de Rome. Ce fut à cette époque, sans doute, qu'il se lia avec ce Pic de la Miran-dole, qui, à 18 ans, savait vingt-deux lan-gues, et cinq ans apres, soutint la thèse célèbre, où il annonçait à l'Europe, qui n'en sut rien, que sa tête était une Ency-clopédie. Il n'est pas bien prouvé, malgré tous ces prodiges littéraires, que la Miran-dole fut un grand homme ; mais ce qui me semble à l'abri de tout scepticisme, c'est qu'il légua à Rabelais le dangereux manus-crit, que le Pogge lui avait légué à lui-même.

Au nom du Pogge, je me rappelai que ce fameux historien de Florence avait dé-terré dans les monastères de la Suisse des chefs-d'œuvres de l'antiquité, tels que le poëme de Lucrèce et le beau traité d'élo-quence de Quintilien ; et je me flattai de tenir le dernier anneau de la chaîne qui devait me conduire à la découverte de mon manuscrit. Une nouvelle enveloppe me désabusa; j'y lus, en italien, ces mots écrits et signés par Bocace.

« Si le Pogge, mon ami, voulait courir
» le danger d'être pilé vif dans un mortier
» de bronze, il romprait ce cachet ; et
» comme il ne tenterait sans doute cet ex-
» ploit, que dans le dessein d'obéir à la dame
» de ses pensées, j'en ferai un des héros de
» mon *Décaméron* ».

La menace d'être pilé vif dans un mortier me parut un peu étrange. Il me semblait que quand l'ouvrage proscrit serait un manifeste pour détrôner Dieu, un *systéme de la Nature*, il n'y aurait encore aucune proportion entre le crime de le lire et un supplice aussi effrayant. A force de réfléchir, je soupçonnai que l'atrocité de la menace en prouvait la futilité, et je continuai à déchirer les enveloppes.

Il me parut que le manuscrit avait beaucoup voyagé, avant d'arriver à Bocace. Le médecin Arabe Avicenne, le même qui eut la patience de lire, quarante fois ᵔe suite, la métaphysique d'Aristote, sans l'entendre, en avait fait présent à un certain poëte grec, du nom de Tzetzès, à qui, malgré son obscurité, notre célèbre Buffon a dû la première idée, qui l'a conduit à la découverte du miroir d'Archimède.

Tzetzès, qui n'avait de commun avec Homère, son modèle, que d'être souvent, malgré sa verve poétique, prêt à mourir de faim, vendit, pour quelques pièces d'or, son dépôt au Rabbin Maimonide. Celui-ci, dans ses voyages en Orient, le céda au poëte Saadi, pour un exemplaire du *Gulistan* ou de *l'Empire des Roses*.

Le manuscrit inconnu, toujours recherché comme la pierre philosophale, et toujours abandonné comme elle, quand il ne se rencontrait pas des adeptes, revint de Perse en Arabie. Il tomba en partage à l'historien Abulfarage, qui en fit hommage au roi-géographe Abulféda; et ce fut ce dernier qui l'échangea avec Bocace, contre une Carte nouvelle de la mer Caspienne.

J'étais parti, comme on l'a vu, de ma
recherche philosophique, l'an 1783, et ar-
rivé à Avicenne, né, suivant un calcul en
980, et suivant un autre en 983, je décou-
vrais une filiation non interrompue de mon
manuscrit, pendant huit cents ans. Ces
beaux titres de noblesse me flattèrent, et je
commençai à desirer que, d'enveloppe en
enveloppe, je pusse parvenir jusqu'à un écrivain du monde primitif, dût l'énorme paquet, dont j'étais dépositaire, se réduire à
une page.

Mon attente ne fut remplie qu'à demi,
et je touchais, sans le savoir, aux derniers
anneaux de la chaîne. Le lexicographe Sui-
das, qui toute sa vie compila, comme
notre archidiacre Trublet et nos mille et
un prédicateurs du républicanisme, avait
trouvé dans un couvent de moines, où Photius mourut exilé, le manuscrit fatal, dernier héritage du célèbre patriarche ; et
n'ayant osé l'ouvrir, pour grossir son recueil
indigeste d'analyses et d'anecdotes, il en
avait fait présent à son médecin Avicenne.

L'enveloppe de Photius déchirée, je trouvai la signature et le cachet d'Alcuin, le père de l'Université de Paris, qui, de son côté, peu fière d'une pareille généalogie, s'est intitulée, pendant quelques années, la fille aînée de nos rois, et aujourd'hui n'a plus ni ayeux ni postérité. Ce célèbre ami de Charlemagne s'était lié, dans sa grande jeunesse, avec l'Archimède de l'Orient, avec ce Callinique, qui inventa le feu gré-geis. Comme le jeune Gaulois, qui n'était pas philosophe, félicitait le géomètre sur son infernale découverte : « Je sais que je » ne sais rien, répondit le modeste Calli-» nique ; mais prenez ce manuscrit : je soup-» çonne que toutes les connaissances de » mon siècle et celles des siècles antérieurs » y sont renfermées. Ma chère Athénaïs me » l'a apporté en dot ; et si je ne craignais » pas d'être pilé vif dans un mortier, comme » Jean d'Alexandrie, mon beau-père, me » l'annonce dans l'enveloppe, il y a long-» temps que ni les morts les plus illustres, » ni les plus éclairés de mes contemporains, » n'auraient plus rien à m'apprendre ».

Alcuin prit le manuscrit, et lut en effet

ces mots autour du cachet : *Jean a acheté ce manuscrit inestimable , peut-être aux dépens de sa vie. Malheur encore au premier téméraire qui l'ouvrira! on le pilera vif dans un mortier, pour le punir d'être le plus éclairé des hommes.*

Tous les lettres du pays d'Alcuin connaissent ce Jean d'Alexandrie : on sait qu'il enseignait paisiblement la grammaire Grecque et les chimères de Péripatétisme dans la capitale de l'Egypte, quand le Calife Omar s'avisa d'envoyer son lieutenant-général Amrou , pour conquérir, à la foi de Mahomet, la vieille monarchie des Ptolémées et des Pharaons. Le guerrier Arabe, qui ne savait faire des prosélytes qu'à la pointe de l'épée , fit égorger tout ce qui ne voulut pas devenir apostat , et arbora ensuite, sur des monceaux de cadavres, l'étendart Musulman dans la place publique d'Alexandrie.

Jean, sous l'extérieur franc et ouvert d'un ami des arts, cachait toute l'astuce d'un courtisan de Constantinople ; il s'insinua dans

l'esprit du sauvage Amrou, et quand il se
vit en faveur, il lui demanda la fameuse
bibliothèque du Sérapéon. Le général en
écrivit au Calife, qui répondit : *Si les livres
de cette bibliothèque ne renferment que
ce qui est déjà dans l'Alcoran, il faut
les brûler comme inutiles : s'ils lui sont
contraires, il faut les brûler comme sacrilèges.*

Ce dilemme abominable amena la perte
du plus admirable monument de l'univers.
La bibliothèque du Sérapéon était compo-
sée de cinq cent mille volumes sous Jules-
César, et elle avait eu le temps de s'accroître
pendant sept siècles de pédantisme, et quelquefois de lumières. Amrou, en vertu de la
sentence du successeur de Mahomet, fit
distribuer les manuscrits inestimables du
Sérapéon aux esclaves publics, afin d'en
chauffer les bains d'Alexandrie ; et il se
trouva assez de matériaux pour prolonger
l'incendie pendant six mois. Cet évènement
désastreux a reculé de huit cents ans l'avènement de la raison en Europe.

Le Lecteur me croit, par cette histoire

biseuse, très-éloigné de mon sujet; mais moi, qui vois d'un coup-d'œil l'ensemble de mon ouvrage et ses détails, je l'assure qu'elle m'en rapproche. En déchirant l'enveloppe, qui avait tant effrayé Callinique, je lus ces mots, tracés de la main tremblante de Jean d'Alexandrie.

« Au moment où je cachais dans mon
» sein ce manuscrit, que je n'ai dérobé aux
» flammes qu'aux dépens de mon turban et
» de mes cheveux, on publiait dans tous
» les bains d'Alexandrie une ordonnance du
» général Amrou, qui condamnait à être
» pilé vif, dans un mortier de bronze, l'en-
» nemi de Mahomet, qui tenterait de sau-
» ver de l'incendie, ou seulement de lire
» le moindre livre de la bibliothèque du Sé-
» rapéon. Ce trait de despotisme a été un
» coup de foudre pour moi; la fièvre à l'ins-
» tant s'est allumée dans mes veines; je
» sens que je vais mourir, et j'ai à peine
» la force d'écrire de ma main glacée quel-
» ques mots terribles sur l'enveloppe de ce
» manuscrit, afin de dérober mes enfans
» au plus abominable des supplices ».

Cette espèce de testament de mort fut pour moi un trait de lumière. Il étoit manifeste que l'infortuné père d'Athénaïs avait conservé le manuscrit fatal, parce qu'il espérait qu'un jour la lecture d'un livre Grec ne serait plus un crime de lèze-majesté. Il était non moins évident que la tendresse paternelle avait dû, par une menace effrayante, détourner un sexe curieux, mais timide, d'une pareille lecture, jusqu'à ce que l'extravagant arrêt de proscription fût tombé en désuétude.

·Le Calife Omar, ni son général Amrou, n'existant plus pour moi, ni peut-être dans la mémoire des hommes, je rompis sans inquiétude le dernier cachet. Alors j'apperçus plusieurs rouleaux, où on avait tracé divers caractères, soit connus, soit inconnus, sur de larges feuilles du Papyrus Égyptien.

Le premier rouleau avait un frontispice Grec où on lisait ces mots : DE L'ORIGINE DES ÊTRES ; *par un sage du monde primitif.*

Ce livre, composé de trois feuilles, était tout

en hyéroglyphes. Il me fut impossible d'en rien déchiffrer. Seulement je remarquai que ces caractères figurés n'avaient aucun rapport, avec ceux qu'on voit autour de la tête des Isis, ou sur les bandelettes des Momies ; car l'Égyptien est un des peuples les plus modernes, ainsi que des plus imbéciles de ce globe ; quoiqu'en disent les enthousiastes qui, comme l'ingénieux Savary, font des voyages d'Égypte dans leur cabinet, afin d'avoir le droit de s'extasier sur ces monumens d'esclaves, qu'on appelle des pyramides.

J'apperçus ensuite un opuscule d'Anacharsis, *sur les connaissances humaines,* avant le siècle d'Alexandre : il est probablement écrit dans l'ancienne langue des Scythes. Je le donnerai à déchiffrer au savant abbé Barthelemy, qui a déjà deviné l'alphabet de Palmyre, et qui, ayant fait de mon Anacharsis une espèce de Télémaque, le fait voyager dans l'ancienne Grèce, en lui donnant pour Mentor son génie, et pour guide le compilateur Athénée et le crédule Pausanias.

Tome I.   F

Le dernier rouleau était Grec, et c'est celui qui fixa mes regards ; il avait pour titre : PLATONOS POLITEION. Je reconnus sans peine ces fameux dialogues de Platon, sur la république, où Socrate paraît si supérieur en législation aux hommes d'état, ses contemporains ; où il abaisse avec tant de courage le front superbe des rois et des prêtres devant la loi ; où, par son génie et son ame, il se rend si digne de son supplice et de son apothéose !

Un mot du frontispice annonçait que le manuscrit était tout entier de l'écriture de l'élève de Socrate ; et, sous ce point de vue, c'était un trésor inestimable, aux yeux égoïstes des bibliographes.

Je n'ai ni égoïsme ni bibliothèque, et je ne tardai pas à sentir le vuide d'une pareille jouissance ; je reconnus que, philosophiquement parlant, je ne pouvais guères m'enorgueillir de posséder l'original d'un livre, traduit en Arabe, dans l'idiôme antique de Bénarès, et dans toutes les langues de l'Europe ; je soupçonnai qu'il n'y avait pas plus de mérite à avoir la *République* écrite de la main de Platon, qu'une Bible en caractères Samaritains, ou une momie à hyéroglyphes de la Thébaïde.

Mon enthousiasme un peu refroidi se ralluma un moment après, à une inspection plus approfondie du manuscrit ; je vis que les fameux dialogues de Platon ne formaient pas le quart de l'ouvrage, et que ce texte précieux semblait enseveli sous une énorme quantité de commentaires et de notes marginales, que je jugeai aisément dignes des regards des siècles, puisqu'ils paraissaient l'avoir été de ceux du disciple de Socrate.

Mon imagination se jouait encore de ma crédulité ; ces commentaires, ces notes marginales étaient tous de mains étrangères, et écrits en diverses langues. La vétusté des caractères, qui allait toujours en s'affaiblissant, depuis le texte original, jusqu'aux dernières additions, annonçait évidemment que Platon ne connaissait pas tout son manuscrit ; et pour sortir de ce

labyrinthe, je me hâtai de lire la dédicace
de la république.

A ÉPONINE.

« Il n'y a point de vanité à se louer,
» quand on entre dans la tombe ; ainsi, au
» moment où la mort m'atteint de son
» voile, l'envie me pardonnera sans doute
» de citer, avec une complaisance pater-
» nelle, deux ouvrages dont je m'honore
» auprès des siècles : ma fille et ma répu-
» blique.

» O ma fille ! ô céleste Éponine ! je te
» dédie tout ce que j'ai fait de plus beau
» après toi ; je te dédie ma république. Si
» jamais ce livre, que la philosophie de
» Socrate et tes graces ont fait naître, par-
» vient à la postérité, je ne veux point
» que vos noms soient séparés, dans le
» brevet d'immortalité qu'elle me destine ;
» il faut que le même sort attende et le
» livre et la dédicace ; il faut que la répu-
» blique rappelle à tous les êtres sensibles
» la vertueuse Éponine, et que la gloire

» d'Éponine conserve la renommée de la
» république.

» Éponine , objet de la juste idolatrie de
» ton père ; toi, qui, lorsque tout s'éteint
» en moi, me fais connaître que je tiens
» encore à la nature ; crois en mon pres-
» sentiment qui, comme le génie de So-
» crate , ne m'a jamais trompé ; non , tu
» ne mourras point ; tant que la pensée
» sera libre sur la terre, on citera ma rê-
» verie généreuse sur le plus beau systéme
» de gouvernement qu'on puisse proposer à
» l'homme social : tant qu'un principe de
» vie battra dans le cœur d'un père, il saura
» que toutes les vertus, qui rendent l'ex-
» pression de la nature si touchante, repo-
» sèrent jadis dans celui d'Éponine.

» Déja une autre espèce d'immortalité
» nous attend. Le digne Athénien , que
» ton cœur a choisi, a reçu de moi mon
» nom et ta main ; j'ai exigé de sa tendresse
» qu'il prolongerait, à la naissance de ses
» enfans, de si doux souvenirs ; que son
» fils , s'il annonçait quelqu'étincelle de

F 3

» génie, s'appellerait Platon; que sa fille,
» si elle avait des graces et une ame ai-
» mante, se nommerait Éponine.

«Oh! comme de si douces illusions, dans
» le silence même de la nuit éternelle,
» me feront rétrograder vers le tems heu-
» reux, où je n'existais que par toi ! Ma
» pensée errante ira interroger ton ame,
» dans celle de toutes les Éponines qui te
» survivront; je te retrouverai dans ces
» héroïnes, lorsque ton nom ne sera point
» pour elles un fardeau; et ma cendre, si
» elle n'a pas tout-à-fait dépouillé les élé-
» mens de là vie, s'agitera au sentiment
» vague de son immortalité.

» Éponine, je t'ai confié le dépôt tout
» entier de ma gloire, et à ce titre je dois
» encore t'entretenir de l'ouvrage, dont ma
» plume glacée t'offre la dédicace.

» Ma république, toute neuve qu'elle
» doit paraître aux beaux génies du siècle
» de Périclès, n'est point un de ces livres,
» destinés à survivre aux ruines des em-
» pires qu'ils éclairent; si, comme le créa-

» teur de l'Iliade, je n'eus point de modèle,
» je ne dois pas me flatter, à son exemple,
» qu'aucun rival ne me fera oublier.

» La science de gouverner les hommes
» est toute neuve ; c'est une mer, presque
» sans fonds et sans rivages, que j'ai osé
» sonder le premier ; mais je suis loin d'en
» pouvoir dresser la Carte. Qui sait si, pour
» en indiquer avec exactitude tous les
» écueils, il ne faut pas trente siècles de
» navigations et peut-être de naufrages !

» J'ai cru l'homme social digne d'être
» libre ; et il n'est peut-être qu'un enfant
» robuste, que, pour son intérêt, la force
» doit toujours tenir en lisières.

» J'ai cru devoir donner à cet homme
» social le meilleur code de loix, auquel
» l'intelligence du philosophe pût attein-
» dre, et je me suis trompé sans doute ;
» il n'y a rien de parfait dans une nature,
» dont l'essence est de se modifier sans
» cesse ; ainsi tout plan, auquel l'imagina-
» tion n'a rien à ajouter, n'est qu'une ver-

F 4

» tueuse rêverie ; on n'organise pas la ma-
» chine sociale , en empruntant le feu cé-
» leste avec Prométhée ; et vouloir faire
» de l'homme un dieu , ce n'est pas l'amé-
» liorer , c'est l'anéantir.

» Outre ces défauts, qui tiennent à l'or-
» donnance générale de mon ouvrage , il
» en est d'autres dans les détails , qu'une
» raison d'autant plus sévère , qu'elle est
» mûrie par cinquante ans d'expérience ,
» me laisse quelquefois entrevoir.

« Je me repens d'être parti des régions
» intellectuelles , pour jetter les bases de
» ma république ; d'avoir consulté le beau
» idéal , pour organiser des hommes faibles
» et pervers , comme s'il s'agissait de vivi-
» fier la Minerve d'un Phidias ; d'avoir tiré
» des sombres nuages de la métaphysique
» la chaîne lumineuse de nos devoirs.

» Je reproche à mes dialogues , de ce que
» Socrate , au lieu de se mesurer avec des
» Solon , des Anacharsis et d'autres sages,
» dont le génie se serait élevé à la hauteur

» du sien , soit sans cesse en présence de
» vils sophistes , qu'il n'y a ni danger ni
» gloire à foudroyer.

» Te le dirai-je , Éponine ? le titre même
» de république , que j'ai donné à mon ou-
» vrage, me laisse quelque scrupule ; je sais
» qu'aucun homme d'état ne saurait se mé-
» prendre sur l'acception philosophique de
» ce mot , qui désigne toute espèce d'éco-
» nomie sociale , sous laquelle on vit libre
» à l'ombre des loix ; mais je vois , de tems
» en tems , s'élever de la fange des discor-
» des civiles , d'insolens perturbateurs , qui
» n'expriment par ce mot que les désordres
» toujours renaissans de l'anarchie ; et j'au-
» rais trop à rougir , si , dans la suite des
» âges , l'homme de bien , courbé sous la
» verge impure du républicanisme , en ve-
» nait jusqu'à maudire ma république.

» Ma fille , le tact heureux et sûr que
» la nature t'a donné, t'indiquera sans moi
» tous les vices du livre que je te dédie ;
» mais ces vices ne déposent pas essentiel-
» lement contre le succès brillant de mes

» dialogues ; il est aisé , jusqu'à un certain
» point , de les faire disparaître , et de jus-
» tifier ainsi , auprès des générations à naî-
» tre , l'idolatrie de mes contemporains.

» Pour remplir ce but , j'ai transcrit deux
» fois de ma main le manuscrit rectifié de
» ma république ; c'est un héritage sacré ,
» que ma fille transmettra aux enfans des
» deux sexes qu'elle fera naître : l'une des
» deux copies passera à tout ce qui s'ap-
» pellera Platon , et l'autre sera le partage
» de tout ce qui portera le beau nom d'É-
» ponine.

» Entre chaque feuillet de ce double ma-
» nuscrit , j'ai inséré de larges bandes du
» papyrus Égyptien , pour recevoir les lu-
» mières de tout homme d'état de ma pos-
» térité , qui chérira ma gloire , et desirera
» le bonheur des hommes.

» Et quand ces deux écrits originaux ,
» surchargés de notes philosophiques , tri-
» but des connaissances de plusieurs siè-
» cles , ne pourront plus admettre d'écri-

» ture étrangère, alors l'épreuve sera faite ;
» et un peuple, perdu dans la nuit des âges
» futurs, pourra s'honorer d'avoir donné le
» jour à un nouveau disciple de Socrate.

» Ce disciple de la victime immortelle
» d'Anitus, du martyr auguste de la rai-
» son et des loix, sera le philosophe, qui,
» maître de mes deux manuscrits, en réu-
» nira toutes les lumières éparses en un
» seul foyer, qui, sans s'amuser à lier pé-
» niblement ensemble des matériaux inco-
» hérens, osera les refondre au feu de son
» génie, et couler ainsi d'un seul jet la
» statue de ma république.

» Et ce philosophe se nommera Platon ;
» car après le succès éclatant de mon ou-
» vrage, dans la patrie des Xenophon et
» des Sophocle, quel autre que Platon
» oserait refaire ma république ?

» Un autre pressentiment flatteur vient
» encore ranimer les glaces de ma vieil-
» lesse. Tout me dit que le Platon qui me
» fera revivre, aura, ainsi que moi, une

» fille , le chef-d'œuvre de la nature ; qu'il
» fera intervenir cette héroïne dans la par-
» tie dramatique de son ouvrage ; et que,
» si la raison sévère de la république fait
» ressortir les graces touchantes d'Éponine,
» les graces d'Éponine , à leur tour, ren-
» dront plus populaire la raison de la ré-
» publique ».

Cette dédicace fut pour moi le fil d'Ariane,
qui me guida dans le labyrinthe inextri-
cable de ce manuscrit : je le parcourus
tout entier, à l'aide de ce fil tutélaire ; et
dès lors je conçus sans peine le plan caché
de son architecture.

Il était évident que l'un des originaux de
la république avait été transmis de mâle en
mâle à la postérité de Platon , et que l'autre
avait été l'héritage sacré des Éponine.

Ce dernier était celui dont l'amitié de
l'auteur d'Émile et mon courage m'avaient
rendu maître. Chaque page du manuscrit
servit à me confirmer ma découverte.

J'y distinguai des notes écrites , presque

de générations en générations, pendant un espace de près de six cents ans, et signées successivement, à quelques vuides près, par dix-huit Éponines.

Ces notes portaient d'ordinaire l'empreinte du génie de chaque petite fille de Platon, ou plutôt de l'époux que son cœur avait choisi ; car dans l'âge de l'amour, il est rare qu'une femme sensible soit long-tems elle-même : je la regarde comme l'amianthe, qui devient feu en s'unissant à lui ; c'est en sortant de l'entretien de Phaon que Sappho écrivait ses strophes brûlantes ; c'est en s'échappant des bras de Périclès, qu'Aspasie apprenait aux Archontes d'Athènes à gouverner la république.

Quelques-unes de ces Éponines, dont je ne parlerai pas, s'unirent à des artistes, et s'occupèrent plus à faire respirer Platon sur le marbre ou sur la toile, qu'à préparer avec la pensée, la refonte du plus sublime de ses ouvrages.

D'autres, également perdues pour mes

contemporains, épousèrent des Poëtes célèbres de la Grèce, et leurs notes effémi-
nées s'en ressentirent; par-tout je reconnus
les grâces du pinceau d'Anacréon, ainsi
que sa frivolité. Ces bouches charmantes,
d'où découle le miel, peuvent s'ouvrir pour
chanter les héros d'une République déjà
organisée, mais non pour tracer d'une touche mâle et ferme le plan d'une République.

Même parmi les héroïnes de la famille
de Platon, qui unirent leur destinée à
celle des hommes d'état, à peine en ai-je
reconnu un petit nombre, qui aient fait
avancer l'esprit humain d'un pas, dans la
carrière à peine frayée de la législation.

La fille du divin Platon, l'Éponine par
excellence, toute imprégnée qu'elle devait
être de la flamme du génie, qui l'entourait
de ses rayons, n'a inscrit que quelques
lignes sur le monument philosophique, dont
elle avait reçu la dédicace.

« Mon père n'est plus, et avec lui la
» philosophie, étrangère à l'homme civi-

» lisé , semble s'être pour jamais exilée
» du globe.

» Quels sont ces hommes de sang, qui
» régissent avec un sceptre d'airain ma pa-
» trie expirante? Il disent que l'ordre social
» n'est bon à rien ; que le mot de gouverne-
» ment est synonyme à celui de tyrannie;
» qu'il faut, le code de l'égalité dans une
» main , et un poignard dans l'autre ,
» purger la terre des tigres et des Rois;
» ils le disent , et ils s'appellent Philo-
» sophes !

» Auguste Fille du Ciel , Raison bien-
» faisante , que mon père puisa à l'école
» de Socrate, repousse ces scélérats, revêtus
» de ta livrée , qui t'étouffent en t'embras-
» sant : viens rendre aux Athéniens cette
» ame douce et pure que leurs sophistes leur
» ont fait répudier ; et quand je verrai au-
» tour de moi des hommes , je leur lirai
» les élémens de ma nouvelle république ».

Ces élémens ne se trouvent pas dans le
manuscrit : sans doute que la fille de Platon

ne vit plus des hommes , dans la postérité
dégénérée des Aristide et des Miltiade. En
effet, l'histoire nous apprend que le républicanisme commençait dès-lors à infester
Athènes ; ce fléau prépara la défaite de
Chéronée, et par conséquent le passage igno-
minieux des vainqueurs de Salamine et de
Marathon, sous le joug d'Alexandre.

Éponine II parut ensuite. On me pardonnera sans doute de désigner par des
chiffres cette série nombreuse d'Éponines :
la philosophie qui éclaire a autant dé droits
que la royauté qui détruit, a ce frivole orgueil de nomenclature ; et je veux que l'histoire consacre dans ses fastes mon Éponine
II , puisqu'elle a consacré Mahomet II ,
Louis XI et Charles IX.

Éponine II s'éleva à la hauteur du génie
de sa mère ; car, dès qu'elle put balbutier
le mot sacré de Patrie , elle s'unit, par
un mariage secret, à Démosthène : cet ora-
teur véhément, l'ennemi-né de toute espèce
de despotisme, que Philippe de Macédoine
honorait encore plus par sa haine que par
son

son estime , et qni créait plus d'hommes,
avec son éloquenc e de feu , que le pere d'A-
lexandre n'en exterminait avec ses machines de guerre et sa Phalange.

» J'al perdu , écrit la seconde Eponine,
» tout ce qui m'est cher : Démosthène,
» empoisonné par ses mains , a employé
» pour mourir cette même plume , à qui
» il doit son immortalité ; mais, si mon
« cœur se déchire , ma tête est calme ; et
» puisque je ne dois ici que la vérité à la
» cendre d'un grand homme , j'aurai le
» conrage de désavouer la gloire de sa
» mort , dans les notes raisonnées de cette
» RÉPUBLIQUE.

» Démosthène a péri , pour ne point
» voir sa Patrie indépendante passer sous
» le joug d'un maitre; il a crû que , du mô-
« ment que le Souverain n'était plus, le
» membre de ce Souverain devait cesser
» d'être ; et ce grand problème , que sa
» raison profonde devait employer un dé-
» mi-siècle à discuter , il a crû le résoudre
» tout d'un coup par sa mort.

TOME I

» Plus je consulte la République de mon
« auguste ayeul, plus je me pénétre de la
» morale universelle, sans laquelle toute
» République ne serait qu'une grande in-
» jure à la raison humaine, et plus je me
« persuade qu'il faut définir le patriotis-
» me, avant de songer à mourir pour lui.

» Si je remonte à l'origine de tout, je
» vois que le besoin d'être heureux est le
» pivot du monde social ; or on ne peut
» être heureux que par l'harmonie avec
» tous les êtres avec qui on a des rapports.
» Cette loi unique suffit pour imprimer le
» mouvement à toutes les machines poli-
» tiques, organisées par les législateurs.

» Athènes sauvage, sans frein, vague-
» ment agitée par le sentiment machinal
» de ses forces, se donna à un Roi, et fit
» bien ; elle ne pouvait être heureuse, qu'en
» déposant dans les mains du plus fort ou
» du plus adroit, sa toute-puissance ; alors
» cet individu couronné représenta la Pa-
» trie, et le plus grand des attentats fut de
» changer la Monarchie en République.

» Codrus mourut pour ses peuples , et
» Athènes, long-tems tourmentée par des
» despotes ou avilie par des Rois automa-
» tes, transigea avec la dynastie du dernier
» Monarque , et abolit la Royauté. Alors
» elle avait des mœurs , elle pouvait sans
» se briser , fléchir sous le joug des loix : et
» c'était un crime de lèze-nation de lui ra-
» vir l'exercice d'une Souveraineté , dont la
» nature et la force lui indiquaient l'usage.

» Athènes , à cette époque, maintint un
» sage équilibre entre ses forces et celles
» de toutes les Puissances avec qui elle a-
» vait des rapports ; et cet équilibre la ren-
» dit à la fois heureuse et célèbre : car ,
» pour tout État qui naquit faible et que
» son ambition aggrandit , il n y a point de
» bonheur sans gloire.

» Les villes Grecques , sorties de leur
» obscurité, pouvaient devenir ses rivales;
» elle sentit alors plus que jamais la néces-
» sité du gouvernement Fédératif , entre
» tous ces atômes de Souverains ; et elle
» se créa un besoin politique de combat-

» tre Lacédémone, pour protéger, par cet-
» te lutte perpétuelle, l'harmonie du Pélo-
» ponèse.

» La Perse, orgueilleuse de promener
» sur l'Asie abrutie, le Sceptre de Cyrus,
» voulut détruire l'harmonie des Républi-
» ques Grecques; elle raisonna, avec ses
» trois millions d'esclaves, la servitude de
» quelques hommes libres; et Athènes réu-
» nie avec sa rivale éternelle, répondit aux
» arguments de la tyrannie, par les batailles
» de Platée, de Salamine, et de Marathon.

» La première harmonie d'un État, qui
» veut être parfaitement heureux, consis-
» te a être en paix avec soi même. Athè-
» nes République, le fut, grace à l'in-
» fluence de ses mœurs sur sa politique,
» à la douceur des loix Soloniennes et au
» parfait équilibre de ses pouvoirs.

» Elle eut des perturbateurs de tous les
» Ordres; elle les contint, quand ils furent
» puissants, en les armant les uns contre
» les autres, et, quand ils furent faibles,

» en les entourant de l'appareil de son Co=
» de Pénal , et de la majesté de son Aréo-
» page.

» Des conspirateurs égarèrent la masse
» populaire de ses citoyens , pour l'armer
» contre le gouvernement ; mais ces cons-
» pirateurs se trouvèrent , pour la plupart ;
» des hommes à grand caractère , des es-
« pèces de héros , qui achetaient par des
« victoires sur les ennemis de l'État, le droit
« d'asservir leurs concitoyens : la loi , forte
» du moins contre la scélératesse obscure,
» se consolait de plier un moment devant
» la célébrité coupable d'un Alcibiade.

» Des héros vertueux , des Cimon et des
» Aristide , pouvaient écraser Athènes du
« poids de leur gloire ; mais la République
» couvrait un moment d'un voile , la sta-
« tue des loix , et un peuple inquiet se sau-
« vait par l'Ostracisme , du danger de la re-
« connaissance envers ses grands-hommes.

» Tels sont les deux périodes, où Athènes
» put se flatter de n'appartenir qu'à elle-

G 3

« même ; le temps, où elle eut des mœurs
» et des Rois, et celui ou elle se créa des
« institutions Républicaines, une morale
» politique et des hommes.

» A ces deux époques, l'État fut heureux
« par l'harmonie : on put s'enorgueillir
« d'être le sujet de Thésée, comme le conci-
» toyen de Thémistocle ; la Patrie, qui
« existe partout où la volonté générale est
» libre et bienfaisante, se trouvant égale-
« ment dans la Monarchie et dans la Ré-
« publique, on put s'applaudir sous ce
» double rapport, de vivre pour la servir
» et de mourir pour la défendre.

« Mais aujourd'hui, que l'anarchie étend
« son voile hideux et sanglant autour de
» la ville des Codrus et des Miltiade : au-
« jourd'hui que l'absence des mœurs a
« amené l'anéantissement des loix : aujour-
» d'hui que la vertu paisible murmure dans
« la poussière, et que le scélérat sans génie
» seul est Roi, quel est donc ce vain si-
« mulacre de Patrie que les factieux nous
» présentent ? comment des hommes d'État

» osent-ils l'invoquer ? était-ce à des ames
» de feu, telles que Démosthéne, à cher-
« cher le repos éternel dans sa tombe ?...

» Mais j'entends les farouches pertur-
» bateurs, qui ont assassiné Athènes, me
« demander compte des écrits immortels
« de mon époux; ils veulent les livrer aux
« flammes sous mes yeux, sous les yeux
» de la veuve du dernier de leurs grands
« hommes... Qui sçait même si cette RÉ-
» PUBLIQUE, qui les dévoile aux yeux des
« siècles ne provoquera pas leur vengeance?
« Platon mérite leur haine doublement,
« puisqu'il eut du génie et de la vertu...
« Sauvons du moins ce dernier monument,
» la partie la plus sacrée de mon héritage...
» ô ma fille, je dépose ce manuscrit dans
« les langes de ton berceau; il y sera peut-
« être plus en sureté que sous la pierre
« agreste de ma tombe; tu le liras quand
» je ne serai plns; et si jamais on te per-
» met de dire la vérité, sur le mot de Pa-
« trie, tu achéveras ce fragment, et ré-
» soudras le plus grand des problémes.

G 4

Les vœux de l'héroïne ne furent point remplis; je ne vois les noms ni de sa fille ni de sa petite fille, dans les notes de l'ouvrage de Platon; et le fil de nos principes philosophiques , rompu quelque temps après la mort de Démosthène , ne se trouve renoué que plus d'un siècle après , par une Éponine V , qui épousa Archimède.

Cette Éponine V, est la plus véhémente de toutes les héroïnes qui ont commenté la République; j'ai long-temps hésité , si je ne supprimerais pas ses commentaires audacieux, qui affligent mon amour raisonné de la paix et des hommes ; mais j'ai crû que dans un ordre de choses qui ne fixe aucunes limites à la liberté de penser', il était des principes politiques , qu'il fallait exposer dans toute leur nudité , ne fut-ce que pour donner la facilité d'en dévoiler l'erreur. D'ailleurs ce n'est pas dans un livre consacré à régénérer sans secousse l'espèce humaine qu'on puisera des germes de dissentions publiques : et Éponine sera toujours un ouvrage cher aux hommes d'État , quand même la circonspection de

l'homme de paix en déchirerait quelqnes
pages.

« Marcellus, je ne te fais pas un crime
» du meurtre du héros de Syracuse; il n'a
» pas tenu à toi qu'un décret émané de
» ton Sénat , n'élevât à la dignité de
» citoyen de Rome , ce géomètre terri-
» ble , qui seul , du haut d'un rempart , em-
» brasait tes vaisseaux et foudroyait tes lé-
» gions. La nature t'a fait magnanime , et
» tu as dû respecter , jusques dans l'ennemi
» que ta République proscrivait , le héros
» qui te ressemble,

» Mais, (et , si j'avance un blasphéme
» politique , la postérité le pardonnera sans
» doute à mon aveugle mais juste douleur) ,
» pourquoi Archiméde a-t-il prostitué son
» génie à protéger cette Syracuse qui con-
» jurait elle-même sa ruine ? est-ce qu'un
» gouvernement avili et sans force publique,
» qui s'ouvre de toute part à la conquéte,
» mérite le nom de Patrie ? est-ce que le
» salut de dix mille factieux , qui s'achar-
» nent sur les lambeaux d'un État mutilé

» et sanglant, pourrait justifier la mort d'un
» grand-homme ?

» O Archimède, si, t'élevant au dessus
» des vains préjugés, tu avais préféré l'ami-
» tié de Rome qui protège, à la vengeance
» de Rome qui détruit, Syracuse qui n'es-
» pérait qu'en toi, ne serait point en cen-
» dres, et je n'achéverais pas le fragment
» de la petite fille de Platon sur le marbre
» de ta tombe.

» Oui, je le dirai à tous ces sophistes in-
» cendiaires de la Grèce et de l'Italie, qui
» peuvent non me confondre, mais me
» frapper, il n'existe plus de Patrie, quand
» la volonté générale est corrompue, quand
» la masse des citoyens est malheureuse,
» quand il ne reste d'autre alternative au Sa-
» ge, qui veut avoir une existence publique,
» que d'être l'assassin de l'homme juste, ou
» d'être assassiné par ses complices. (a)

_____

(a) Ce discours véhément d'Éponine V me
fit quelque peine, quand je le lus pour la première
fois dans le manuscrit de Platon ; je sentais mon

» On me parle sans cesse du Pacte So-
» cial , qui lie le citoyen qui obéit, avec

---

cœur oppressé , lors même que ma raison était
réduite au silence ; il me semblait toujours que la
vertu du citoyen ne consistait pas , à discuter le
contrat primitif qui le liait à la Patrie , mais à
sçavoir mourir pour elle , lors même qu'elle était
ingrate : je ne sçais si je me trompe , mais mon
erreur , dans l'hypothèse où c'en est une , m'est
encore chère ; elle entre, pour ainsi dire , dans
mon organisation élémentaire : dans l'organisation
du philosophe , qui travailla trente ans à mettre
les hommes en harmonie avec leur Patrie , et chaque
Patrie en harmonie avec la grande République de
l'univers.

Il fallait encore justifier aux yeux pervers, qui
empoisonnent tout ce qn'ils lisent , les vérités hardies qu'Éponine se permet contre le gouvernement
populaire : je consultai à cet effet l'histoire de
Syracuse , dans l'ouvrage qui parait avoir été écrit
le plus fidellement , d'après les écrivains originaux ;
et j'y vis un tableau si frappant des mœurs actuelles,
que je me résolus d'en transcrire quelques fragments.
Cette note servira à justifier la petite fille de Platon,
l'éditeur de la République , et tous les hommes
d'État qui travailleront au bonheur de la terre , en
éloignant d'elle le fléau de la Démocratie.

» le pouvoir ; mais que signifie un Pacte
» qui n'oblige qu'une des parties contrac-

Tout ce qu'on va lire est copié fidellement des
tomes VII et VIII de l'HISTOIRE DE LA GRÈCE,
par l'historien des Hommes, troisième édition,
donnée à Paris, en 13 volumes in-8°., l'an 1784.

» Plus Gélon, (le premier héros de Syracuse),
» méritait de sa Patrie plus il déploya de gran-
» deur d'ame envers elle : il pouvait, après sa
» victoire sur Carthage, étendre un sceptre de
» fer sur la Sicile : mais se fiant à sa renommée, il
» licentia ses troupes, convoqua une assemblée gé-
» nérale des États dans sa Capitale, et quoique tout
» le monde, en vertu de ses ordres, s'y fut rendu
» armé, il osa s'y présenter sans épée et sans gardes :
» *citoyens*, dit-il, *j'ai déployé, pour vous rendre*
» *heureux, le pouvoir suprême que vous m'avez*
» *confié : si je me suis trompé, je viens subir*
» *mon sort : frappez votre victime . . .*

» Gélon fut entendu avec enthousiasme de la part
» d'un peuple, qui se connaissait en grandeur d'ame :
» ce Prince jusqu'alors n'avait été que Préteur de
» Syracuse, et on le força à être Roi . . .

» Le temps ne rallentit point cet enthousiasme.
» Syracuse, dans la suite, voulant donner une leçon

» tantes ? si la Patrie, qui a promis de me
» protéger de toute la volonté générale,

» aux Rois, destinés à la gouverner, fit ériger, en
» mémoire de la générosité de Gélon, une statue
» qui le représentait en habit de simple citoyen,
» déférant à son peuple le droit de le juger : et
» cette statue échappa à toutes les révolutions, que
» subit le trône de Syracuse . . .

» Ce Gélon méritait une reconnaissance aussi ac-
» tive : car, du moment où il ne trouva plus de
» rivaux dans le sentier de la gloire, il n'eut plus
» que l'ambition des grandes ames, celle de faire
» des heureux ; il fut le premier homme, dit le
» sage Diodore, qui devint plus vertueux, après
» être parvenu à la couronne : le second a été
» Marc-Aurèle : et le dernier, Henry-Quatre; ensuite
» il faudrait fermer les livres d'histoire, tome VII,
page 100, 101 et 102.

» Thrasybule, (le second successeur de Gélon);
» exerça une tyrannie abominable pendant neuf
» mois. Au bout de cet intervalle, les Siciliens, quittes
» envers la mémoire de Gélon, rentrèrent dans les
» droits de la défense naturelle; et après avoir dé-
» claré solemnellement le despote ennemi de la
» Patrie, ils proscrivirent sa tête . . . Thrasybule,
» forcé de descendre à l'humiliation de capituler

» à condition que je la défendrais de toutes
» mes forces individuelles , enfreint ce

» avec des hommes qu'il appellait des rebelles . . . .
» abdiqua le pouvoir suprême , et alla mourir obs-
» curément dans un coin de l'Italie.

» Le jour de la capitulation , il y eut une assem-
» blée des États dans Syracuse . . . et on y changea
» la Monarchie en République , ibid , page 110 et 111.

» Pendant les soixante ans que dura cette Ré-
» publique , Syracuse remporta une grande vic-
» toire près de ses remparts sur les troupes d'A-
» thènes : celles-ci capitulèrent , à condition qu'on
» ne pourrait ni leur ôter la vie , ni les retenir
» dans une prison perpétuelle.

» Un des grands inconvénients de la Démocratie ;
» c'est que la multitude , une fois échappée à un
» grand danger , dans l'yvresse de sa joie tumul-
» tueuse , est aussi impitoyable que le plus fougueux
» des despotes. Syracuse , une fois maîtresse de
» la personne des généraux d'Athènes , se vengea
» d'eux avec la même perfidie , que l'auraient fait
» le Cambyse de la Perse ou le Phalaris d'Agri-
» gente.

» On commença par convoquer une assemblée

» traité primitif, elle cesse d'être Patrie
» pour moi ; en se dégageant du devoir de

———————————————◆—————————————————

» générale pour décider du sort des prisonniers de
» guerre. C'était déjà un attentat contre la morale
» des nations, de mettre un pareil objet en pro-
» blème ; comme si l'ennemi, qui dépose ses armes,
» ne cessait pas d'être en guerre ! comme si l'acte
» même, par lequel on se rend prisonnier, n'em-
» portait pas l'assurance de la vie ! mais les haines
» nationales ne raisonnent jamais . . .

» Avant le jugement, un vieillard vénérable se
» présente : il avait perdu ses deux fils dans cette
» guerre désastreuse : la multitude persuadée qu'il
» allait la flatter dans ses fureurs, fait un grand
» silence . . . Citoyens, dit le héros, si le ciel a
» été juste envers vos ennemis, croyez-vous qu'il
» ne le sera pas aussi envers vous-mêmes : contem-
» plés de sang froid la vengeance que vous médités.
» Quelle gloire retirerés-vous d'égorger des hommes
» sans défense, qui vous tendent les bras ? l'ennemi
» qui supplie ne l'est plus, et vous devés compte
» de sa vie aux Dieux, qui, en brisant son orgueil,
» l'ont jetté tremblant à vos genoux . . .

» Syracuse, sous Gélon, aurait donné la vie aux
» captifs, avant même que le vieillard eut prononcé
» sa harangue : mais Syracuse, sous la Démocratie,

» me protéger, elle me dégage du devoir
» de l'obéissaace.

» laissa prononcer la harangue, et condamna à mort
» les généraux ; tome VII. page 129 à 138.

» Syracuse, (dans l'intervalle de sa Répnblique),
» eut comme Athènes un Dracon, pour lui donner
» des loix ; mais elle ne jouit pas, ainsi que sa ri-
» vale, de l'avantage d'avoir ensuite un Solon pour
» les rectifier ; le Dracon de Syracuse fut Dioclès...
» L'antiquité ne nous a point conservé des détails
» sur son Code ; mais à en juger par le caractère
» connu du législateur, il devait avoir l'atrocité
» de celui de notre moderne Japon : *on y apper-*
» *çoit*, écrit Diodore, *une grande haine pour les*
» *coupables.* Pourquoi de la haine ? la loi doit être
» sans passion ; elle n'aime ni ne hait, mais elle
» punit ou elle récompense : *aucune législation*
» *n'a inspiré plus d'effroi, par les peines terri-*
» *bles qu'il a établies.* C'est un grand préjugé
» contre une nation, quand le législateur est obligé
» de lui inspirer de l'effroi. Des peines atroces an-
» noncent toujours des mœurs atroces. En général,
» si les hommes que vous enchaînés au Pacte Social,
» sont d'un caractère doux et tranquille, songés
» à prévenir les crimes parmi eux, plutôt qu'à les
» punir. S'ils ne le sont pas, rendés-les tels par des
» Eh !

» Eh ! quel État à jamais brisé avec plus
» d'audace toutes les chaines sociales, que

» institutions qui appellent la sensibilité, dans les
» cœurs où elle n'est plus ; mais, sous tous les points
» de vue, un Code sanguinaire annonce, dans le
» législateur, ou son impéritie, ou le mépris pro-
» fond qu'il affecte pour l'espèce humaine; *ibid*,
page 140 à 143.

» La Démocratie de Syracuse, mal affermie sur
» sa base, tomba enfin et fit place à la tyrannie de
» Denys l'ancien, qui sçut réunir sur sa tête la
» suprématie militaire et le pouvoir législatif . . . .

» Denys le jeune succéda tranquillement à son
» père, dormit sur le trône, et le célèbre Dion
» n'eut besoin que de deux vaisseaux de guerre, pour
» anéantir la Monarchie et rétablir la République . . .
» Dion, le libérateur de Syracuse, fut à son
» tour la victime de la Démocratie qu'il avait
» créée . . . . Héraclide, qui gouvernait l'État par
» ses satellites et ses orateurs, demanda sa pros-
» cription . . . . Le héros, jugeant du cœur de tous
» les hommes par le sien, crut indigne de lui, de
» prendre des mesures contre l'ingratitude de ses
» concitoyens . . . Mais, au moment où l'orage
» éclatait avec fureur, les soldats irrités, mirent
» leur général au milieu d'eux, lui faisant un rem-

» cette même Syracuse , que la justice
» Romaine a ensevelie toute entière sous
» la tombe d'Archimède !

» part de leur corps , et le conduisirent ainsi hors
» des murs de Syracuse , secouant avec horreur la
» poussière d'une ville, qui traitait avec autant d'in-
» dignité ses grands hommes. *Ibid*, page 228 et 229.

» Syracuse , en perdant Dion , perdit son plus
» ferme boulevard contre la tyrannie. Les satellites
» du dernier despote, profitant de l'espèce de ver-
» tige qui s'était emparé des esprits , livrèrent une
» partie de la ville au pillage. Alors tomba le voile
» qui fascinait les yeux de la multitude : les regards
» de la Patrie se tournèrent avec attendrissement
» vers Dion , et on mit à le rappeller, autant d'en-
» thousiasme , qu'on avait mis de frénésie à le
» bannir. *Ibid*, page 230.

» Denys le tyran , était mort dans son lit, Dion ,
» le sauveur de sa Patrie , périt assassiné. . . .

» Dion n'aimait point la Démocratie pure ; il re-
» gardait cette espèce de gouvernement comme une
» perpétuelle anarchie : il résolut de la combiner
» avec une Aristocratie modérée , et même avec
» une ombre de Monarchie , prenant pour modèle
» les législations de la Crète et de Lacédémone,

» Syracuse reconnaissait des Rois d'une
» Dynastie, qui long-temps avait bien mé-

» regardées avec raison comme les chefs-d'œuvres
» de l'esprit humain. Mais Syracuse n'était pas
» assés mûre pour gouter la raison profonde d'un
» Lycurgue ou d'un Minos, et elle s'indigna de
» ce que son liberateur ne voulait pas substituer
» à la tyrannie d'un seul, la tyrannie de la multi-
» tude, *ibid* ' page 236.

» Au moment où le complot contre la vie de
» Dion commençait à transpirer, on lui conseilla
» de s'armer de défiance : mais les précautions d'une
» tyrannie ombrageuse n'etaient point faites pour
» entrer dans son ame magnanime : indigné qu'on
» le crut capable d'imiter l'ancien Denys , il ren-
» voya ses gardes et dit : *qu'il aimait mieux mille*
» *fois présenter sa tête à un assassin, que d'être*
» *obligé à chaque instant de surveiller ses amis* ;
» ce mot entendu des conspirateurs, fut l'arrêt de
» sa mort, *ibid*, page 241.

» Après l'assassinat de Dion , Syracuse écrivit a
» Platon, pour le consulter sur la forme de gou-
» vernement qu'elle devait établir : ce philosophe
» lui conseilla de suivre le plan du grand homme
» qu'elle venait de perdre : c'est-à-dire de laisser

H 2

» ·rité des arts et des hommes ; tout-à-coup ;
» une secte inconnue à la philosophie, dont

» le pouvoir législatif au peuple assemblé, de créer
» un sénat permanent de trente-cinq magistrats, pour
» maintenir le dépôt des loix, et de choisir trois
» Rois, qui, en se surveillant mutuellement, empê-
» cheraient leur pouvoir de dégénérer en tyrannie...

» Pendant ce temps là, le Despote Denys, dix ans
» après avoir abdiqué le pouvoir suprême, vint le
» redemander, l'épée à la main, au peuple qui
» l'avait banni . . . . et le recouvra aussi paisiblement
» que s'il n'y avait jamais eu de République dans
» Syracuse, *ibid*, page 245 et 246.

» Denys régna encore douze ans : ensuite il fut
» détrôné par le vertueux Timoléon : avec lui finit
» la domination des tyrans en Sicile . . .

» Tous les citoyens qui se sentaient animés de
» l'esprit Républicain de Timoléon, profitèrent du
« nouvel ordre de choses pour cimenter leur indé-
» pendance : ils rasèrent la citadelle, brulèrent le
» palais de Denys, et allèrent jusques dans les an-
» tiques tombeaux des Rois, disperser la cendre de
» ceux dont l'homme de bien ne chérissait pas la
p mémoire.

» elle arbore les drapeaux , s'élève de la
» fange des factions , protégée par deux

» C'est alors que Timoléon eut l'idée sublime de
» faire le procès aux statues de tous les souverains
» de Syracuse. L'histoire , témoin terrible , quand
» ce n'est point une plume vénale qui la dirige,
» la tradition des vieillards , la voix même des étran-
» gers, tout fut consulté dans cette cause mémo-
» rable : le résultat fut que la nation , parmi une
» foule de tyrans , ne comptait qu'un seul Roi. Aus-
» sitôt , on renversa de leurs bases toutes ces sta-
» tues orgueilleuses, qui semblaient encore insulter
» aux hommes qu'elles avaient fait gémir , et on ne
» conserva que celle de Gélon , qu'on plaça parmi
» les images des Dieux tutélaires de Syracuse, *ibid*,
page 260 et 261.

» Timoléon fut, pendant toute sa vie, l'oracle de
» la République qu'il avait créée : quand il ne fut
» plus, le peuple entier assista à ses funérailles , et
» lui fit une espèce d'apothéose.

» Syracuse jouit vingt ans du fruit de la raison
» profonde de son libérateur : elle fut tranquille et
» heureuse pendant ce tems là : aussi elle n'a point
» d'histoire. Ensuite il s'éleva , du sein de la pous-
» sière, un tyran, qui eut le génie de l'ancien Denys

H 5

» transfuges de Carthage ; on punit dans
» le Prince régnant, le despotisme d'un de

» et sa férocité : alors la Sicile fut de nouveau boule-
» versée , soit par son ambition , soit par ses vic-
» toires. Ce tyran est Agathocle.

» Agathocle réussit , par ses cabales, à se faire
» nommer *Protecteur de la paix publique* , par les
» États-Généraux de Syracuse.

» L'ambitieux, quand il a du génie, attache à des
» noms nouveaux tout le pouvoir qu'il veut s'arroger.
» Agathocle , protecteur de la paix publique , lève
» trois mille brigands, et leur fit égorger le Tri-
» bunal des six cents qui gouvernait alors Syracuse :
» ensuite il se répandit dans les maisons suspectes
» de patriotisme, et les abandonna au pillage. A la
» naissance du tumulte , les premiers citoyens sor-
» tirent de leur maison pour en demander la cause :
» les soldats, pour toute réponse , les poignardèrent.
» Il y en eut qui se réfugièrent dans les temples ,
» et qu'on fit mourir aux pieds des Dieux impuis-
» sants qu'ils tenaient embrassés : le sexe lui-même
» ne fut pas à l'abri des attentats des satellites
» d'Agathocle. On viola les femmes , sous les yeux
» de leurs époux , les filles dans les bras de leurs
» pères , et souvent on finit par les égorger tous.
» Quatre mille hommes périrent dans cette révo-

» ses ancêtres et la perversité qu'on redoute
» dans ses successeurs, et le trône est ren-
» versé.

» lution fatale, et six mille qui craignirent la même
» destinée, se sauvèrent à Agrigente. . . .

» Alors le peuple plia et déféra lui-même le pou-
» voir suprême à Agathocle.

» Les commencements du règne du tyran, n'of-
» frirent rien de sinistre : aussi la multitude, qui
» dans un règne ne voit jamais que le moment dont
» elle jouit, compara bientôt l'assassin des six cents
» à Gélon, et parla de lui ériger une statue, *ibid*,
» page 269 à 276,

» Il faudrait bien se garder de faire honneur au
» cœur d'Agathocle de l'ouvrage de sa politique :
» aussi ce tigre, altéré de sang humain, revint
» bientôt à étancher sa soif naturelle . . . . . Enfin
» le poison vint expier ses crimes, et le genre-hu-
» main fut vengé.

» Syracuse qui se crut libre après la mort d'A-
» gathocle, se déchira elle-même pendant un grand
» nombre d'années : ensuite elle appella Pyrhus,
» le Roi d'Épire, pour la pacifier . . . . Pyrhus,
» à peine parti pour la conquête de l'Italie, le pou-

» Sous le règne de Gélon et des loix,
» on se servait de la force publique pour

» voir souverain fut confié à Hyéron II. de la mai-
» son de Gélon, qui avait fondé la Monarchie . . .

» Hyéron déploya toutes les vertus pacifiques ;
» veilla au maintien des loix, réprima sans despo-
» tisme l'ambition des corps intermédiaires, et
» montra tant d'addresse dans l'art de gouverner
» les esprits, que pendant un règne de près d'un
» demi siècle, il ne s'éleva pas une seule sédition
» dans Syracuse, *ibid*, page 291, 304 et 308.

» Hyéronyme sortait à peine de l'adolescence,
» quand il succéda à Hyéron. Loin de pouvoir sou-
» tenir le fardeau du gouvernement, à peine pou-
» vait-il porter celui de sa propre liberté . . . Il y
» eut une conjuration contre lui, et il fut assassiné....

» La multitude, dont le caractère est de servir
» avec bassesse, ou de dominer avec insolence,
» enveloppa dans une proscription odieuse, toute
» la famille royale. Des satellites furent envoyés au
» palais pour y égorger deux princesses du sang
» d'Hyéron, et ces exécutions n'assouvirent pas la
» fureur des nouveaux Démocrates.

» Les nouveaux Préteurs de Syracuse ne tardèrent
» pas à aliéner, par leurs violences, l'esprit de la

» réprimer un peuple, qui, abandonné à
» lui-même, est d'ordinaire tyran ou vic-

» multitude . . . . Alors, pour contrebalancer leur
» pouvoir, on s'avisa de leur donner pour collègues
» Hippocrate et Epycide, deux Carthaginois amis
» d'Annibal ; cette mauvaise politique amena le
» renversement de Syracuse . . .

» Les deux magistrats étrangers envoyerent égorger
» une partie de leur collègues, firent taire les loix,
» et sous un nom Républicain, obtinrent le pou-
» voir suprême. *Ibid*, page 312, 317, 320 et 324.

» Syracuse libre, avait lutté avec avantage contre
» Athènes : protégée par l'ancien Denys, elle avait
» vû se briser contre elle les forces de Carthage :
» mais que pouvait-elle contre Rome conquérante,
» au moment où, déchirée par les dissentions ci-
» viles, ne sçachant ni obéir à des Rois, ni se gou-
» verner elle-même, elle usait le peu de ressort qui
» lui restait, pour se détruire ? . . .

» Marcellus parut devant les murs de cette ville
» célèbre, et après un long siège, s'en empara, mal-
» gré le génie d'Archimède . . .

» Archimède, au moment du désastre de sa Pa-
» trie, était occupé à résoudre un problème ; tout

» time , et souvent tous les deux à la fois ;
» et sous le règne des satellites d'Annibal

» entier à l'objet mathématique qui absorbait son
» intelligence , il n'entendit point le fracas des
» trompettes , les cris des citoyens qu'on égorgeait ,
» ni le bruit des maisons embrasées qui s'écrou-
» laient autour de lui ; tout-à-coup un soldat se
» présente et lui ordonne de le suivre à la Tente
» de Marcellus. Archimède , tiré de sa rêverie pro-
» fonde, prie le Romain de lui permettre d'achever
» son problème, et celui-ci répond à cette prière
» en égorgeant le grand homme . . .

» Syracuse, qui long-temps défia avec succès Rome
» et Carthage , qui coulait à fond des flottes de
» deux mille voiles , et battait des armées de deux
» cent mille hommes , Syracuse, dis-je, quelques
» années après cette catastrophe, n'était plus qu'un
» espèce de désert, peuplé de décombres . . . Elle
» avait été indépendante un peu plus de deux siècles
» et demi, soit comme Monarchie , soit comme
» République. *Ibid.*, tome VIII. page 5 , 50, 64 et 76.

Cette Note , toute longue qu'elle peut paraître
aux lecteurs superficiels, sera peut-être d'un grand
prix aux yeux des hommes d'État, qui sçavent peser
dans leurs balances impartiales , la destinée des
empires.

» ou plutôt de l'anarchie, on constitue le
» peuple lui-même en force publique,
» comme pour imprimer une forme légale
» au système atroce des perturbateurs.

» De cet instant, l'édifice Social, que la
» raison du beau siècle de Périclès avait
» pris la peine d'élever, s'est écroulée tout-à-
» coup, depuis le faîte jusqu'en ses fon-
» dements.

» Un ramas de factieux, sans propriétés,
» sans morale et sans génie, après s'être
» vendu aux perturbateurs Hypocrate et
« Épycide, s'est nommé la nation ; et sous
» ce titre, il a appellé l'opprobre et la mort
» sur tous les pouvoirs constitués dans
» Syracuse.

» Une insurrection contre le trône avait
» fait autrefois substituer aux loix royales,
» des institutions républicaines, dont une
» partie avait été puisée dans la raison su-
» blime des Zénon et des Socrate : à un
» signal des conjurés, la faction populaire
» se lève toute entière, et les abolit ; il

» existait sous le titre de Préteurs , un corps
» permanent de magistrature , chargé de
» défendre les loix nouvelles ; et on force
» ces hommes qui ne sçavent pas mourir ,
» à consacrer par des décrets l'opprobre
» de leur apostasie.

» On avait fait jurer solemnellement à
» tous ces millions d'hommes qni com-
» posaient l'antique Monarchie de Gélon ,
» de mourir pour la défense du Code phi-
» losophique qu'on venait d'ériger ; et sans
» l'aveu d'un seul pouvoir , par le seul effet
» de la commotion générale donnée par
» le crime heureux , on force un grand
» peuple à se parjurer tout entier , et à
» n'arriver ainsi que flétri au néant qui
» suivra sa conquéte.

» Cette nation , aux ordres d'Hypocrate
» et d'Épycide , cette nation adultère , qui
» fait parler si insolemment la nation lé-
» gitime , n'a pas moins dénaturé le mot
» de Patrie , que celui de Souveraineté.

» J'ai vû , au nom de la Patrie , le res

» présentant héréditaire de 8yracuse , le
» jeune Hyéronyme , chargé des fers dont
» il avait voulu délivrer ses sujets , et trai-
» ner dans l'opprobre d'un cachot une vie
» infortunée , que sans les conseils d'un
» ministère pervers, qui l'égara quelquefois,
» il aurait exposé cent fois pour sauver sa
» Monarchie.

» C'est au nom de la Patrie; que j'ai vû
» une horde de vils scélérats égorger, dans
» le cachot de l'ORZILLE DE DENYS , dans
» les prisons des LATHOMIES , des hommes
» mis sous la sauve-garde de la loi , et dont
» le plus grand nombre n'avait d'autre
» crime que d'avoir conservé leur ame libre
» et pure , en respirant l'air empoisonné
» de la discorde, et l'air dévorant de l'a-
» narchie.

» Ils invoquaient le nom de Patrie , ces
» abominables sacrilèges, que j'ai vû arra-
» cher du pied des autels de Jupiter , des
» Pontifes éperdus, pour les massacrer de
» sang froid , après leur avoir fait subir

» toutes les tortures de la douleur , et
» toutes les agonies du désespoir.

» Il faut donc le dire , avec un courage
» que la prudence peut proscrire , mais que
» la vertu ne sçaurait désavouer.

» Syracuse, qui, au milieu de tant d'at-
» tentats , ne s'est point réveillée de sa
» léthargie par un coup de tonnerre , n'exis-
» tait plus dès lors comme nation , avait
» perdu tous ses titres primitifs à la sou-
» veraineté.

» Syracuse , sous le sceptre d'airain
» d'Hypocrate et d'Epycide , prostituant le
» civisme à arracher au citoyen ses dieux
» et ses loix , à assassiner ses hommes d'État
» et à calomnier leur cendre , n'avait plus
» de Patrie , si ce n'est dans le cœur et dans
» les écrits d'Archimède.

» Syracuse , sans mœurs ; sans culte ,
» sans force publique , ne pouvant plus
» protéger personne , avait rompu le Pacte

» Social, et tout le monde rentrait de droit
» dans l'état de nature.

» Dans cette crise effrayante ; quel sen-
» timent occuperait encore l'être sensible
» qui, attaché, malgré ses périls, au ciel qui
» l'éclaire et au sol qui l'a vû naître, ne
» pourrait se résoudre à répudier tout à fait
» ses concitoyens, et à empoisonner ainsi
» le souvenir de ses anciennes jouissances ?

» A ne consulter que la raison sévère du
» citoyen du monde, il semblerait d'abord
» que le Sage pourrait sans remords appel-
» ler par ses vœux une force publique étran-
» gère ; des voisins qui jureraient de ne
» tirer l'épée que pour défendre l'enceinte
» du tribunal des loix : qni ne présente-
» raient l'appareil des combats que pour
» consolider la páix : qui, couvrant de leur
» Égide tutélaire la masse entière des ci-
» toyens, ne feraient disparaître de l'Etat
» déchiré, que la race odieuse des pertur-
» bateurs..... Mais, je ne sçais pourquoi,
» une voix intérieure, plus forte que tous
» mes raisonnements, repousse ce résultat

» terrible de ma politique : non, quelque
» haut que le sang d'Archimède crie ven-
» geance dans le cœur de sa veuve éperdue,
» je n'aurais point appellé par mes vœux
» l invasion de Rome : toute autre crise
» que celle d'une insurrection légitime eut
» été trop pénible à mon civisme, et si cette
» insurrection eut été impossible à ma
» Patrie cangrénée, il me semble que j'au-
» rais mis ma vertu à sçavoir mourir.

» Mais Archimède homme d'État, Ar-
» chimède, pendant plusieurs années le
» seul protecteur de Syracuse, Archimède,
» sur qui les regards de l'Europe entière
» étaient fixés, a pu avoir une politique
» supérieure à celle de la sensibilité ; il a
» pû protéger la Patrie de l'intervention de
» toutes les Patries, pendant qu'une femme
» timide, dans sa faiblesse vertueuse, n'as-
» pirait qu'à la gloire inutile du suicide.

» Soyons justes : quand un État conjure
» contre son repos et contre celui des Puis-
» sances qui l'environnent, ses voisins peu-
» vent sans doute le forcer par la guerre, à
être

» être heureux : c'est le droit de l'équilibre,
» parmi les nations qui ont entre elles des
» rapports sociaux ; ce droit est un anneau
» sacré de la grande chaine de devoirs , qui
« constitue la morale de l'univers.

» Rome était cette Puissance, des-
» tinée à revivifier les cendres de Syra-
» cuse. Si ses généraux s'étaient bornés à
» anéantir, dans cette ville malheureuse,
» la race des pervers; s'ils l'avaient laissée
» se gouverner par ses loix ; s'ils avaient
» permis que le mot sacré de Patrie put
» encore se faire entendre dans ses mu-
» railles, Rome aurait bien mérité du genre-
» humain, et les Sages de toutes les parties
» du globe se seraient réunis, à porter la
» cause de tous les peuples opprimés, à
» l'Aréopage du Capitole.

» Mais Rome a anéanti Syracuse au lieu
» de la protéger, et sa gloire est en guerre
» avec ma raison. Je fuirai également les
» vainqueurs et la cendre des vaincus; et
» dussai-je, pour bannir des souvenirs amers,
» mettre un monde entier entre moi et les

» ruines fumantes de Syracuse, je ne m'ar-
» rêterai que lorsque je trouverai un Em-
» pire, où tout le monde paraîtra éga-
» lement faible devant la loi, où la Patrie
» ne sera point un vain phantôme, et où
» on ne proscrira pas la tête du Sage, par-
» cequ'il porte le nom de Dèmosthène ou
» d'Archimède. »

J'étais infiniment curieux de lire l'Odyssée
de la veuve d'Archimède, de voir jusqu'où
ses voyages l'avaient conduite, pour trouver
sur ce globe, un Empire assés bien organisé, pour réaliser la brillante rêverie de la
RÉPUBLIQUE.

Aucune note du manuscrit ne me pro-
cura de lumières. L'antiquité, qui nous a
conservé les arides Périples de Hannon et
de Scylax, garde un silence absolu sur celui
de l'héroïne de Syracuse : mais un fragment tracé par Eponine X, qui, environ
cent trente ans après, épousa le célèbre
Se-mat-sien, l'Hérodote de la Chine, me
donna à la fin la clef du problème.

Il était évident qu'Eponine V s'était em-

barquée sur un vaisseau de ces hardis Phé-
niciens, qui couvraient alors toutes les mers
de leurs Colonies, et qu'elle avait abordé
chez les Sères, adossés vers l'Orient, aux
limites du monde.

Ces Sères, dont notre Géographie bâtarde
a fait les Chinois, forment, comme l'on sçait,
un Empire isolé, destiné par la nature à
se suffire à lui-même, qui a sçu s'incorpo-
rer jusqu'aux Tartares qui l'ont conquis,
et qui, né à l'époque de la plus antique
civilisation, peut se promettre de garder
sa souveraineté jusqu'aux dernières catas-
trophes du globe.

Se-mat-sien a écrit, avec une simplicité
touchante, les annales de la Chine : et on voit
par le fragment que je vais traduire, que
le gout d'Éponine X s'était formé sur ce
modèle. Je ne chercherai point à réhausser
ce style sans apprêt, pour le mettre au
niveau des autres Éponine. La politique n'a
point un idiôme particulier : elle plaît avec
les graces naïves de Plutarque, comme
avec la majesté de Polybe, abandonnée à

I 2

l'insouciance philosophique de Montagne
comme au pinceau plein d'énergie de Tacite et de Montesquieu.

» Je pense que si Platon, qui a imaginé
» tant de belles choses, pour rendre les
» Empires heureux, avait voyagé dans ce-
» lui-ci, il aurait cherché d'autres élémens
» pour sa République.

» La Chine a une liberté qui n'est qu'à
» elle, qu'elle a rencontrée sans la cher-
» cher, dont elle jouit sans effort, et qu'elle
» conservera, parcequ'elle ne soupçonne
» pas le danger de sa perte.

» C'est une Monarchie bien ancienne :
» car le pays a des Rois, depuis qu'il a des
» hommes.

» Parmi ces Rois, il en est; qui, en-
» dormis dans les voluptés, ne vécurent
» que pour leur Serrail : les peuples qu'ils
» oubliaient les oublièrent aussi, et le gou-
» vernement avili, mais robuste, marcha
» toujours.

» D'autres eurent l'imprudence d'oppri-
» mer : mais dans tout État qui a des mœurs,
» la tyrannie, quand elle est à son comble,
» vient expirer contre un simple murmure,
» comme la mer en fureur contre un grain
» de sable ; un homme de bien parla plus
» haut que le tyran, et le trône passa à une
» autre Dynastie.

» Quel que fut le crime du Pouvoir, ja-
» mais la colère de la nation ne s'égara ;
» elle frappa le Roi et jamais la Royauté.

» Il ne pouvait entrer dans l'idée des ha-
» bitans d'un vieil Empire, qu'on put or-
» ganiser sa force publique, sans un mo-
» bile unique qui la mit en jeu : ils pen-
» saient qu'un grand Etat à besoin d'un Roi,
» comme une grande famille a besoin d'un
» père.

» On proposa un jour à la Chine de
» s'ériger en République parfaite, c'est-à-
» dire, de donner au corps politique plus
» de têtes que de bras ; le Conseil d'État
» crut que cette idée venait du Génie du

» mal, et pour détourner ce présage si-
» nistre, il offrit un grand sacrifice au Dieu
» du bien.

» Il parait que les idées des Chinois snr
» la liberté, feraient peu de fortune chez
» les Sophistes de la Grèce : ils disent qu'il
» n'y a qu'un moyen d'être libre dans l'ordre
» Social : c'est d'être sans force devant
» la Loi.

» Cet abandon de sa force particuliere,
» dans les mains qui doivent légalement la
» diriger, leur semble le triomphe de la
» force publique ; aussi leurs législateurs
» en concluent, (je répète leurs expres-
» sions), que les forces individuelles n'étant
» pas égales, on ne sçaurait graduer avec
» trop d'art l'échelle de l'obéissance.

» Cette échelle a été construite, et Pla-
» ton lui-même, dont je commente les
» pensées républicaines, en admirerait les
» proportions.

» La nation est divisée en plusieurs

» Castes, que la naissance sépare , et que
» l'ordre public réunit ; ces Castes s'élèvent
» de nuances en nuances , depuis la masse
» du peuple qui est sans propriétés , jus-
» qu'au Monarque qui protège toutes les
» propriétés : c'est une espèce de pyramide,
» dont les assises vont toujours en dimi-
» nuant, jusqu'à ce qu'elles atteignent le
» trône, qui en fait le couronnement.

» Les Castes Chinoises sont subordon-
» nées les unes aux autres ; ce qui cons-
» titue, suivant les Mandarins philosophes,
» une hyérarchie d'obéissance.

» Outre cela , chaque section de la Caste
» est subordonnée à la Caste entière , et
» chacune des Sections a une police par-
» ticulière qui en entretient l'harmonie ; on
» entend par la police des Sections , l'ordre
» intérieur des familles.

» Tout ce système d'obéissance graduée,
» qui fait peut-être, depuis dix mille ans,
» la force de la Chine, pose donc sur une

I 4

» seule base , sur le pouvoir du père de
» famille.

» Ce pouvoir est sans bornes : car les
» législateurs ont pensé , que, si on pou-
» vait le limiter , on affaiblirait peu à peu
» toutes les obéissances intermédiaires ,
» jusqu'à celle qu'on doit au trône , et
» qu'alors l'État sans force publique serait
» renversé.

» Ils ont cru , que rarement ce pouvoir
» primitif du chef de famille dégénérerait
» en tyrannie , parceque l'opprimé trou-
» verait dans l'oppresseur le cœur d'un père.

» Les institutions de la Chine , annoncent
» qu'il n'y a point d'empire sur le globe , où
» il y ait des séparations plus tranchantes
» entre les diverses classes des citoyens ;
» et l'histoire prouve en même temps qu'il
» n'en est point où le système de liberté soit
» plus respecté , soit par l'État, soit par
» les individus.

» De là tombe l'idée-mère du Républi-

» canisme Grec, qu'il n'y a point de liberté
» sans égalité.

» Je crois, avec un Empire, qui a cent
» siècles d'indépendance, que l'égalité de
» l'homme libre ne consiste qu'à être éga-
» lement dépendant de la force publique,
» et également faible devant les Pouvoirs.

» O ma fille! objet éternel de mon ido-
» latrie, tu veux quitter cet Empire si bien
» organisé, où, en obéissant à tant de maî-
» tres, tu n'obéis qu'à toi-même : je pour-
» rais résister à ta philosophie, je ne ré-
» siste point à tes caresses. Partons : al-
» lons habiter cette Rome, dont la renom-
» mée a tant parlé à ton enthousiasme :
» cependant un pressentiment vient attris-
» ter ma pensée ; je sens que le fracas des
» Monarchies qui s'écroulent autour d'un
» État conquérant, n'assure pas la tran-
» quillité du citoyen qui s'y réfugie : et
» qu'on doit être plus heureux dans un
» Empire, qu'on oublie aux frontières
» de l'Orient, que dans les remparts de la
» Capitale du monde.

Éponine XI partit cependant avec sa mère, et arrivée à Rome, elle s'y unit par des liens secrets avec Lucrèce, l'auteur du poëme immortel, SUR LA NATURE DES ÊTRES. Cet hymen, contracté sous des auspices sinistres, dura peu ; une ancienne rivale d'Éponine, étonnée de trouver le poëte, qui avait écrit une si belle invocation à Vénus, froid dans ses bras, lui administra un Philtre, qui devait lui donner de l'amour, et qui ne lui donna que la mort.

Rien n'électrise plus le génie d'une amante que l'art des vers. Éponine devint, sans s'en douter, poëte avec Lucrèce : on pourra en juger par quelques strophes d'une Ode, qu'elle a écrite de sa main, sur les marges de la RÉPUBLIQUE.

» Il est tombé ce voile, ourdi par l'imposture,
» Qui fascina mille ans la raison des mortels ;
» Et les força deux fois d'abjurer la nature,
» En pliant sous le joug dn trône et des autels.

Ainsi parle l'impie aux brigands de la terre,
L'impie, en butte aux Rois dont il jura la mort.

Qui veut bannir du ciel le maitre du tonnerre ;
Et ne peut de son cœur exiler le remord.

Ainsi que le serpent, dans sa course nocturne ;
L'impie à ce qu'il touche attache son venin :
Tout Dieu, sur son autel, parait être Saturne :
Et tout Roi . dans sa Cour, parait être Tarquin.

Cependant, (et j'atteste une raison profonde),
Le crime ne fait point l'essence du pouvoir :
Cent sceptres ont passé, sans peser sur le monde,
Cent États ont fleuri, sans briser l'encensoir.

Je suis loin de nourrir un espoir ridicule,
D'avilir les humains, en faisant leur malheur ;
L'amante de Lucrèce a banni le scrupule :
La fille de Platon doit foudroyer l'erreur.

Fuyés, phantômes vains, si chers à nos ancêtres ;
Qu'invoque, en son extase. un vulgaire hébété :
Culte absurde ou de sang, inventé par les prêtres,
Pour aller au pouvoir par la crédulité.

Despotisme insolent, puissai-je te dissoudre :
Attiser contre toi tes buchers dévorants !
Tombés . prisons d'État, tombés avec la foudre ;
Qui doit anéantir le dernier des tyrans !

Jamais le Sacerdoce à ma raison vénale
N'imposera le joug des Dieux perturbateurs :

A l'orgueil, dont s'ennyvre une tête Royale
Jamais je ne vendrai mes vers adulateurs.

Mais même la fierté peut être circonspecte ;
Il faut, sans sacrilège, éclairer l'univers :
Arracher à son joug l'être qui se respecte,
Sans briser à la fois tous les freins des pervers.

Le Pontife a créé les Dieux à son image,
Et de ces vils tyrans il nous offre l'appui :
Sur leurs autels rompus, offrons au Dieu du Sage
Un encens que l'amour rende aussi pur que lui.

Ce Dieu, l'ennemi né des Dieux de l'imposture,
Est nécessaire à l'homme émané de son sein :
Il vient, comme un époux, féconder la nature,
Et le monde sans lui deviendrait orphelin.

Jamais l'homme d'État, dans ses rêves sublimes,
N'osa détrôner Dieu pour affermir ses loix ;
Dieu, pour l'homme crédule, est le grand frein
                    des crimes :
L'être, qui brave tout, tremble encore à sa voix.

Un Monarque est toujours le Dieu de son Empire :
Mais ce Dieu né mortel, peut troubler les humains :
S'il s'endort, il est vil : s'il s'éveille, pour nuire,
Le tonnerre s'égare en sortant de ses mains.

Solon, Numa, vous tous dont la haute prudence
Sur le pivot des loix, fait tourner les États,

Des Rois, sans les maudire, éclairés la vengeance,
Dirigés leur tonnerre, et ne l'éteignés pas.

Un Code, dont le temps a muri la sagesse
Est l'Égide du peuple, opprimé par les Rois :
Et l'orgueil des tyrans, signe de leur faiblesse,
Vient échouer enfin contre l'écueil des loix.

Que la loi veille et règne, alors que sans génie
Sommeille sous le dais l'esclave couronné :
Que le despote altier, yvre de tyrannie
Sur son trône sanglant, soit par elle enchainé.

Mais respectons le sceptre, en empêchant de nuire
L'être nul ou pervers, qui le souilla cent fois :
Et que la Royauté, l'ame d'un grand empire,
Survive, en tous les temps, au naufrage des Rois.

Sophiste, qui sur Rome, as promené la foudre,
En lui prêchant le meurtre avec l'égalité,
Vois, dans l'ombre et la mort, tout État se dissoudre
S'il existe sans Rois et sans Divinité-

A l'homme, enfant robuste, il faut pour se conduire
Qu'un père, en tous les temps, fasse entendre sa voix;
Un Roi, quand il est juste, est père d'un empire :
Un Dieu, quand il est bon, est le père des Rois.

Un assés long intervalle semble séparer, dans mon manuscrit, Éponine XI l'amante de Lucrèce, d'une Éponine XV qui vint s'établir dans les Gaules, et y épousa Sabinus, homme à grand caractère, le rival infortuné de Civilis, le héros des Bataves, et qui se décora quelque temps de la Poupre des Césars, pour aller avec plus de dignité au supplice.

Cette Impératrice Eponine, avait autant d'énergie dans son style que dans son ame : on en jugera par ce commentaire sur un des dialogues de la République.

» O Platon, tige illustre de ma famille,
» avec quel art tu fais déraisonner le bon
» Socrate, sur le plus parfait des gouver-
» nemens !

» Il u'y a point de gouvernement parfait
» pour l'homme né faible, borné, dépen-
» dant de tout ce qui l'environne, et qui
» porte dans le monde Social, les élémens
» de toutes les imperfections qu'il a pui-
» sées dans le monde de la nature.

» S'il pouvait exister un gouvernement
» parfait, il ne pourrait être adopté que
» par des hommes parfaits : mais alors il
» serait nécessaire d'intervertir l'ordre de
» la politique , et avant de créer le gou-
» vernement pour les hommes , de créer
» les hommes pour le gouvernement.

» Malheur à l'homme d'État visionnaire ,
» qui , trouvant autour de lui des loix sages
» mais imparfaites , d'où résulterait le
» bonheur de ses concitoyens , va chercher
» dans les nuages de la Métaphysique , le
» chef-d'œuvre des Constitutions , affin
» d'organiser un peuple de philosophes ,
» qui , s'il existait jamais, n'aurait point
» besoin de Constitution !

» Il n'y a de législation parfaite pour
» l'homme Social , que celle qui se modi-
» fie , suivant le génie des peuples , le sol
» qu'ils cultivent , le ciel qui les éclaire , et
« sur-tout suivant l'age des États qu'on
» revivifie.

» J'entens de tout côté, d'ineptes dé-

» clamateurs affirmer, qu'il n'y a de vrai
» gouvernement que pour les êtres libres,
» et que l'essence de la liberté consiste à
» aller à la Démocratie, par le dogme de
» l'égalité.

» Ce Sophisme absurde ne mériterait,
» de la part du Sage, que le sourire du dé-
» dain, si les Catilina qui l'ont imaginé,
» ne le soutenaient pas avec la pointe du
» poignard; s'ils ne forçaient pas l'homme
» de bien, timide, à jurer sur l'autel de
» la Patrie, ce que la raison lui défend de
» croire.

» Assurément, il n'y a que l'homme li-
» bre qui sente le prix d'un bon gouver-
» nement; mais tout le monde a droit d'être
» bien gouverné, depuis le Spartiate Léo-
» nidas, jusqu'au Perse efféminé, qui
» inonde la Grèce, sans la conquérir :
» j'ajouterai même qu'il est bien moins
» nécessaire au bonheur du monde, de
» courber sous le joug des loix une tête
» libre, tel que le héros des Thermopyles,
que

» que des millions de bras, tels que les
» esclaves des Satrapes.

» Le meilleur systéme de liberté n'est
» point dans la Démocratie : parceque cet
» ordre de gouvernement est mobile ainsi
» que le peuple pour qui il est fait, et sangui-
» naire comme lui : parceque le comble
» du délire est d'instituer un mode de socia-
» bilité, où la multitude commande, et
» où le petit nombre obéit : parcequ'intro-
» duire dans un grand État l'égalité po-
» pulaire, c'est y consacrer l'anarchie et
» y légitimer la discorde et la mort.

Toute l'antiquité a retenti de la fin tragique de cette impératrice Éponine : Sabinus son époux, vaincu par les alliés des
Romains, après avoir mis le feu à son Palais, chercha avec elle un azile, dans de
vastes grottes souterraines que lui seul connaissait. Ce couple infortuné demeura neuf
ans dans cette retraite sauvage, n'ayant que
l'amour pour lutter contre la fortune. A
cette époque, il fut découvert et mené à
Vespasien ; Éponine tenta, avec l'éloquence

de la nature, d'attendrir ce prince, et lui
présentant ses enfants : CÈSAR, lui dit-elle ;
J'AI MIS AU MONDE CES INFORTUNÉS, ET JE
LES AI ALLAITÉS DANS L'HORREUR DES TÉ-
NÈBRES, AFFIN D'OFFRIR A TA CLÉMENCE,
UN PLUS GRAND NOMBRE DE SUPPLIANTS. Une
abominable raison d'État, empecha Vespasien, naturellement sensible et juste, de
suivre la pente de son cœur, et il envoya
Èponine et Sabinus au supplice. L'héroïne
n'attendit pas qu'on la conduisit à l'é-
chaffaut, pour exhaler son ressentiment
contre son juge impitoyable : elle se re-
procha les prières auxquelles elle s'était
abbaissée, et attesta le ciel qu'elle avait
vécu plus heureuse avec sa vertu dans l'obscurité du tombeau, que lui-même ne vi-
vrait jamais avec ses remords sur le trône
des Césars. L'exécution de cette illustre
Gauloise fit frémir Rome entière, et le bon
Plutarque ne craint pas d'attribuer à la
vengeance que les Dieux en tirèrent, la
chute de la maison de Vespasien.

Après l'Èponine, qui souilla de sa mort
la gloire Romaine, trois générations s'é-

coulèrent ; et le fil rompu des commentaires politiques du manuscrit de Platon , n'est renoué que par une Éponine XVIII, qui fleurit dans Alexandrie , et y épousa Lucien.

Lucien fut à quelques égards le Voltaire de l'antiquité : né avec un génie qui se pliait à tout, personne ne se joua avec plus d'art de tous les objets de l'idolatrie populaire ; quand ils blessèrent sa raison ; il mit en scène les Dieux et les héros , pour les rendre ridicules à la tourbe même de leurs adorateurs ; il créa son siècle et le rendit raisonneur , tolérant et peut-être frivole comme lui. Éponine qui l'aimait prit aisément la teinte de son esprit , et on reconnaitra peut-être les jeux brillants de son imagination philosophique dans ce dialogue entre Lycurgue et Spartacus :

———

» SPART. Je te cherche , législateur de » Lacédémone —

» LYC. Et moi je t'évite, Spartacus , toi

» qui , né avec le génie de l'homme libre ;
» n'as sçu combattre Rome qu'avec des
» esclaves. —

» Spart. On peut, chez les ombres, n'être
» pas poli, mais rien n'y dispense d'être
» juste. Sçais-tu , malgré tes superbes dé-
» dains , que j'ai peut-être plus mérité des
» hommes, par mon insurrection contre
» les tyrans du Capitole, qui n'a pas réussi,
» que toi par les cinq cents ans de durée
» qu'a eu ta législation. —

» Lyc. Sophiste, prouve ton paradoxe,
» ou tais-toi. —

» Spart. Lycurgue, ce Laconisme ins-
» pire peu de confiance ; mais j'oublie cette
» interpellation sauvage , pour répondre
» à ta renommée , et si je subjugue ton es-
» time , je t'aurai assés refuté.

» Dis-moi, homme extraordinaire, qu'é-
» tait Sparte, quand tu l'entouras des
» rayons de ton génie ? n'était-elle pas ci-
» vilisée depuis plusieurs siècles, comme
» le reste du Péloponèse ?—

» L1c. Sans doute : le hazard de la nais-
» sance m'avait rendu moi-même un de ses
» monarques : et j'abdiquai la royauté pour
» devenir son législateur. —

» Spart. Et comme les Rois qui t'ont
» précédé ne pouvaient opprimer leurs su-
» jets, sans compromettre leur couronne,
» il en résulte qne Sparte etait déjà libre,
» avant le grand bienfait de ta législation. —

» Lyc. Elle était libre à sa manière :
» moi, plus éclairé que le reste de mes
» concitoyens, j'ai voulu qu'elle le fut à la
» mienne. L'idole de la Patrie était com-
» posée de métaux hétérogènes et incohé-
» rents : j'ai osé lui fabriquer un nouveau
» moule, la ramener par le feu à ses pre-
» miers élémens, et la refondre d'un seul
» jet : cette belle machine politique a duré
» ainsi cinq cents ans, et si quelques Ly-
» curgues nouveaux avaient eu l'art de re-
» monter de temps en temps ses ressorts,
» usés par le frottement des siècles, elle
» aurait bravé l'éternité. —

» Spart. Ce n'est point à l'admirateur

» de Lycurgue à faire le procès à sa renom-
» mée : je me contente ici de l'aveu , que
» Sparte jouissait d'un mode particulier
» de liberté , lorsqu'elle commença à se
» régénérer : voyons maintenant si , libre
» à sa manière avant la révolution , elle a
» gagné quelque chose à le devenir, à la
» manière de son législateur.

» Les Spartiates avaient des propriétés
» sacrées, fruit des sueurs de leurs ancêtres,
» ou de leur industrie personnelle; tu les
» leur as ravies, avec un seul de tes décrets,
» affin que, contre les maximes de la poli-
» tique vulgaire , l'État seul fut riche et
» que les individus n'eussent rien.

» Le sexe, sur les rives de ton Eurotas, se glo-
» rifiait d'un héritage bien plus précieux en-
» core, qu'un sol de lui-même stérile, et que ce
» métal jaune ou blanc qui circule avec l'em-
» preinte des Souverains; il l'avait reçu de la
» nature, c'était la pudeur; tu le lui as enlevé,
» en entrouvrant la robe flottante des vier-
» ges, en les faisant lutter avec tes jeunes
» guerriers dans les Gymnases , n'ayant

» d'autre vêtement que leur innocence, en
» donnant quelquefois à des femmes lé-
» gitimes plus d'un époux.

» Les citoyens de Sparte non régénérée,
» lorsque le Péloponèse était tranquille,
» déposaient leurs armes dans les temples
» et cultivaient les arts heureux de la paix :
» mais toi tu leur as commandé de n'être
» que soldats : tu leur as fait de cette
» guerre, que la philosophie regarde comme
» un état contre nature, leur premier élé-
» ment ; tu as voulu qu'il n'y eut de gloire
» pour eux que sur un champ de bataille.

» Toutes ces réformes n'ont point été
» pour Sparte, l'effet d'une raison lentement
» murie par plusieurs années d'expérience :
» tu as voulu, et à l'instant le prodige de
» cette création s'est opéré---

» Lyc. Spartacus dit ce qui est : mais
» il me condamne d'avoir cru l'homme
» capable de grandes choses, et moi je m'en
» glorifie. —

» Spart. Lycurgue ; je ne juge point

K 4

,, ton génie, mais seulement les évènements
,, qui lui ont permis de se déployer.

,, Tout le bien que tu as cru faire à
,, Sparte, tu l'as fait avec despotisme; tu
,, y as employé la raison superbe des loix,
,, comme les conquérants la raison suprême
,, de l'épée : ainsi Sparte n'a point été la
,, maitresse de résister à l'impression que
,, tu lui as donnée : elle s'est vue contrainte
,, de plier sa tête indocile sous le joug de
,, la nouvelle Patrie : et elle a trouvé moins
,, de péril à abjurer la nature, qu'à te
,, désobéir.

,, Il résulte de notre discussion philo-
,, sophique, que tu as rencontré Sparte
,, libre, et que ton génie, tout sublime
,, qu'il est, l'a rendue esclave. —

,, Lyc. Oui : mais en mettant ainsi la Mé-
,, tropole de la Grèce, sous le joug raisonné
,, des loix, je l'ai soustraite à l'esclavage
,, aveugle des hommes : aussi a-t-elle vu,
,, pendant cinq cents ans, les empires se
,, renverser autour d'elle, sans éprouver

,, de secousses ; et si Rome n'avait pas eu
,, l'ingénieuse perfidie de lui ôter mes ins-
,, titutions , elle ne l'aurait jamais sub-
;, juguée. —

,, Spart. Je connais tes succès, Ly-
;, curgue , et ma bouche jalouse ne se
,, permettra jamais de les déprimer : mais
;, enfin , il fut un jour où j'osai être ton
,, rival. —

» Lyc. Toi mon rival ! toi le chef obs-
» cur de quelques milliers de brigands ,
» envoyés au supplice !

» Spart. Moi-même : et si ma législa-
» tion n'a pas eu la célébrité de la tienne,
» c'est que tu as travaillé sur des êtres en-
» core neufs, et que moi j'ai voulu régé-
» nérer des esclaves , les plus corrompus
,, des hommes, après leurs maitres.

;, Lyc. Tu voulais donc subjuguer la ca-
» pitale du monde, avec un vil ramas d'êtres
» passifs, accoutumés à trembler au coup
» d'œil d'un maitre ! tu croyais rendre un

» grand service au genre-humain , en subs-
» tituant à la Rome des Camille et des Sci-
» pion , la Rome de Spartacus ! ---

◆

» SPART. Il y avait long-temps que la
» race généreuse des Camille et des Sci-
» pion était anéantie : Rome dégénérée
» n'était plus que l'ombre d'elle même ;
,, elle appartenait de droit au premier
,, homme à grand caractère, qui oserait
,, la forcer par des loix nouvelles à être
,, heureuse, ou à l'être vil qui, à l'exem-
,, ple de Jugurtha, voudrait l'acheter. Je
,, crus quelques moments être cet homme
,, à grand caractère , et je tentai de me
,, saisir de ma propriété. ·

,, Je n'oublierai jamais le beau moment,
,, où mon éloquence sans apprêt subjugua
,, Crixos, le compagnon de mes exploits,
,, et donna par lui l'impulsion au soulè-
;, vement de cent vingt mille esclaves.
,, Crixos, né Gaulois, et fier comme ses
,, anoêtres, s'était depuis long-temps dé-
,, robé au joug: et comme son vainqueur
;, insolent l'avait privé de sa fortune , il

Quitte ce brigandage, et viens combattre Rome ;
Pour toi, pour Spartacus, un Consul n'est qu'un homme.

„ vivait dans les bois, de ses obscures ra-
„ pines, invoquant tes institutions, Lycurgue,
„ pour justifier ses larcins, et disant que
„ dérober avec addresse, c'était dérober
„ sans crime; ma trame généreuse une
„ fois bien ourdie, j'allai le trouver et
„ lui en developpai tout le tissu. Je crois
„ le voir encore : il était à demi nud, sous
„ une voute sauvage de rochers qui lui
„ servait d'azile, et il m'étalait avec une
„ sorte d'orgueil les trésors qu'il avait
„ enlevés aux tyrans farouches des Gaules :
„ je lui lançai un de ces regards qui vont
„ dans les replis les plus secrets de l'ame,
„ interroger la pensée, et dans mon en-
„ thousiasme je lui dis, en appliquant à
„ sa situation, quelques vers d'une tra-
„ gédie Républicaine.

» Quitte ce brigandage, et viens combattre Rome;
» Pour toi, pour Spartacus, un Consul n'est qu'un
                  » homme.

„ Ma main serrée avec transport, fut
„ sa seule réponse, mais j'en sentis toute
„ l'énergie : à force d'audace, d'adresse

„ et de persévérance, nous rassemblames
„ quelques milliers d'étrangers , recem-
„ ment arrachés par les généraux Ro-
„ mains à leur Patrie, et dont la plupart
„ n'avaient pas eu le temps d'être façonnés
„ à la servitude : je fis résonner à leurs
„ oreilles le mot sublime de liberté , et
„ après leur avoir appris à vaincre les
„ conquérants du monde , je leur donnai
„ les élémens d'un Code, qui tendait à
„ faire disparaître du globe l'opprobre de
„ l'esclavage. ---

„ Lyc. Voilà un bel édifice , que ton
„ inexpérience a posé sur une base d'ar-
„ gile. Crois-moi, Spartacus, ce n'est pas
„ par ce qui brille, mais par ce qui dure,
„ que l'homme d'État a droit aux regards
„ de la postérité. ---

„ Spart. Ton Code et le mien ne sont plus :
» maintenant, tu ne peux pas t'énorgueil-
» lir davantage auprès de la postérité ,
„ d'une existence fugitive de cinq siècles ,
„ que moi de celle d'un jour. Sçais-tu ,
„ (maintenant que ton règne est fini , et

„ que le mien n'a jamais commencé),
„ comment le genre-humain nous ju-
„ gera. ——

„ Lyc. Le jugement est prononcé, et il
„ est sans appel : on m'a érigé des statues,
„ et on t'a traîné à l'échaffaut. ——

„ Spart. Laisse-là le siècle où nous avons
„ vécu : on est toujours mal apprécié par
„ ses contemporains ; la justice des ages
„ reculés, infiniment plus lente, est infi-
„ niment plus sure : et celle ci a déjà mis,
„ dans ses balances impartiales, ta gloire
„ et ma renommée. ——

„ Lyc. La renommée de Spartacus ! ——

„ Spart. Elle dit que j'ai trouvé des es-
„ claves, et que j'ai tenté d'en faire des
„ hommes libres : tandisque tu as trouvé
„ des hommes libres, et que tu as réussi
„ à en faire des esclaves. ——

„ Lyc. Il y a, je l'avoue, une sorte de
„ vraisemblance inexplicable dans ce pa-
„ radoxe. ——

„ Spart. Maintenant , après avoir éta-
„ bli un pareil parallèle entre nous , sçais-
„ tu quel ordre de vérités il en résulte pour
„ un législateur philosophe ?----

„ Lyc. Il en est une que j'entrevois , et
;, qui me condamne ; c'est que la liberté
„ a été pour moi , ce qu'est la religion pour
„ le vulgaire, un objet de culte qu'on ad-
„ met sans le définir , et qu'on adore sans
„ le connaitre. J'ai cru faire du Lacédé-
„ monien l'être libre par excellence, et,
„ en ne lui permettant de respirer que dans
„ l'élément de la guerre , je n'en ai fait
„ qu'un orgueilleux automate.

„ Je soupçonne que la liberté n'est nulle
„ part , ou qu'elle se trouve partout , où
„ aucun individu ne parle plus haut que
„ la loi.

„ Il me semble que c'est faire injure à
„ la raison humaine d'admettre une liberté
„ Républicaine , quand on n'admet pas
„ une liberté Monarchique. Je serais même
„ tenté de croire que , de toutes les libertés

,, existantes sur ce globe dégénéré, s'il en
,, est une, dont une grande nation doive
,, s'énorgueillir, c'est celle où plusieurs
,, millions d'enfants sensibles et fiers, cher-
,, chent l'appui tutélaire d'un Roi, père de
,, famille. —

,, SPART. Et moi, Lycurgue, moins grand
,, que toi, mais aussi modeste, j'avc erai
,, que notre entretien m'a conduit à une
,, autre vérité qui m'humilie ; c'est que
,, j'ai eu tort de vouloir régénérer Rome
,, corrompue, par la main de ses esclaves.

,, Il est des États à qui il ne faut jamais
,, prononcer le nom de liberté : ce sont
,, ceux qui, dégradés par un luxe dépra-
,, vateur, n'ont de force que pour s'épuiser
,, en secousses convulsives, et de feu prin-
,, cipe que pour se dissoudre. La liberté
,, n'est point une arme que l'homme so-
,, cial puisse manier impunément : c'est
,, la foudre de Jupiter, qui protège le père
,, des Dieux et qui met Semelé en cendre.

———

C'est par ce dialogue que se terminent

les notes philosophiques de mon manuscrit, et par conséquent la généalogie de
mes Éponines.

Cependant il y a un intervalle de cinq
cents ans, entre l'époque où l'histoire met
la célébrité de Lucien, et celle où elle
place la prise d'Alexandrie, par le général
des Califes : et si l'on suivait l'ordre naturel des générations, plus de quinze autres
Éponines rempliraient cet intervalle, perdu
pour les commentaires de la République.

Le jour renait dans cette nuit de l'éru-
dition la plus conjecturale, quand on admet
la plus simple des hypothéses.

Lucien a affirmé dans ses ouvrages, qu'il
obtint un grand commandement en Égypte
sous l'empire de Marc-Auréle. Alexandrie,
métropole de cette vieille monarchie des
Ptolémées, devint donc le lieu de sa rési-
dence habituelle : et comme ce sophiste
ingénieux était d'une complexion très dé-
licate, il est très-probable que ses longs
travaux littéraires concoururent, avec ses
infirmités

Infirmités a rendre son union stérile, et qu'après la mort de sa tendre Éponine, devenu protecteur des arts, qu'il avait tant cultivés, il légua le beau manuscrit de la République à la Bibliothèque de Sérapéon.

Après la mort de Marc-Aurèle, la philosophie et les arts en deuil s'exilèrent de l'Empire Romain : l'Égypte surtout partagea l'opprobre de cette décadence :. le luxe dépravateur de ses Métropoles, les secousses du trône des Césars qu'elles partagèrent, tout jusqu'à ce Cénobisme insensé, qui pénétra du Delta aux déserts de la Thébaïde, amena le dernier soupir de la raison. Ainsi quand Lucien légua le chef-d'œuvre de Platon à la Bibliothèque publique d'Alexandrie, il le légua à l'oubli; et il fallut que le général Amrou, plusieurs siècles après, voulut brûler tous les livres, pour que celui-ci reprit sa place dans la mémoire des hommes.

Si la solution de ce problème scientifique n'est pas exacte, je m'en rapporte, pour être rectifié, à la sagacité des Reiske et

X bis

des Hemsterhuys , qui ont exploité avec
tant de succès, la riche Mine de l'érudi-
tion , dans les Universités d'Allemagne.

Telle est l'histoire fidelle du manuscrit,
que je tiens de la vertueuse Misantropie de
l'auteur d'Émile : les Sages, qui me con-
noissent , sçavent que je ne l'ai point em-
bellie. Embellir une histoire c'est la défi-
gurer : c'est offrir , sous le costume mes-
quin des modernes, une beauté antique ;
c'est vouloir remplacer les teintes sublimes
d'un tableau du Corrège , par un coloris
d'éventail.

Mais, possesseur du manuscrit commenté
par les Éponines , je sentais qu'il me man-
quait la moitié du trésor littéraire : c'est-
à-dire, la seconde copie, donnée en héritage , à la postérité en droite ligne du fameux disciple de Socrate. Dans mon enthousiasme , peu réfléchi peut-être , mais
qui, du moins par le succès, me donne
quelques droits à l'estime des siècles, j'a-
bandonnai une famille à laquelle j'étais
cher , et une Patrie sur le point de se ré-

générer, pour aller, au travers des mers
orageuses, à la découverte d'un rouleau de
Papyrus Égyptien : et me doutant que s'il
existait encore des Platon sur le Globe,
ils devaient cultiver obscurément leur jar-
din, comme Candide, sur les ruines de
Sparte ou d'Athènes, je fis voile vers le
Péloponèse.

Ici un nouvel ordre de choses va se présenter à mes lecteurs. Je ne dirai point
comment le manuscrit, pour lequel j'ai
vingt fois exposé ma vie, est tombé en
mon pouvoir : je ne parlerai point du vieillard vénérable, dont les entretiens sublimes ont, pendant deux ans, électrisé ma
pensée : je m'abstiendrai même de peindre
l'héroïne que le Sage fit naître, et dont
les malheurs, dignes d'une éternelle mémoire, ont fourni une bordure heureuse à
mon tableau des législations.

Toute cette partie dramatique de mon
livre, sans laquelle il perdrait cette fleur
précieuse du gout antique qui le caractérise, se développera d'elle-même, dans le

cours de cette République ; on verra par quelle chaîne d'évènements , le Platon du dix-huitième siècle, s'est vu conduit à parcourir l'arbre immense des loix Sociales, depuis sa tige jusques dans ses dernières ramifications : on reconnaitra combien cette filiation sévère d'idées philosophiques acquiert d'intérêt, par son union intime avec les infortunes d'Éponine.

Je ne sçais si je me trompe : mais ôter Éponine à la République, c'est ôter Socrate aux dialogues du plus grand philosophe de l'ancienne Grèce , et l'ame de feu qui la vivifie, a la statue de Pigmalion.

INTRODUCTION.

ÉPONINE.

INTRODUCTION.

CHAPITRE PREMIER.

LE COMMODORE.

JE vous sais gré, digne Français, d'une confiance qui nous honore tous deux. Je m'enorgueillis d'avoir à mon bord le *Philosophe de la Nature*, et je desirerais voir en lui l'historien de la chûte de l'Empire Ottoman.

L'ÉDITEUR D'ÉPONINE.

Constantinople, Commodore, est encore bien ferme sur sa base. Nous ne sommes plus dans le siécle des Mahomet et des Attila; et grace au droit public de l'Europe, les Empires ne tombent plus que dans les manifestes des Rois et dans les gazettes.

Tome I. L

LE COMMOD.

Ce droit public n'est assurément pas un chef-d'œuvre de raison et de lumières. C'est lui qui fait du feu de la guerre un feu électrique, dont la plus légère étincelle ne peut frapper un point central, sans que la commotion s'en fasse sentir à toute la circonférence ; c'est lui qui a fait naître l'axiôme des cabinets diplomatiques : qu'un Etat ne se soutient qu'en surveillant l'ambition des autres, et que, dès qu'un Roi a mis l'épée à la main, il en doit voir cinq cent mille amies et cinq cent mille ennemies, sortir de leurs fourreaux.

L'EDIT.

Vous touchez, sans le vouloir, à un des grands vices de notre organisation sociale ; c'est que, malgré notre philosophie individuelle, nous avons conservé dans les rapports d'État à État, toute la barbarie de l'antique féodalité. Quand deux peuples se battent en duel, il leur faut, comme parmi les Chevaliers de la Table-Ronde, des seconds, qui, sans avoir partagé leurs injures, partagent leurs vengeances ; alors les auxiliaires sont écrasés des désastres de la puissance principale, et quelquefois même de sa gloire. Il vient, après trente combats sanglants, un traité qui remet tout à sa place ; et quand l'Europe commence à respirer, c'est pour rassembler ses morts sur le champ de bataille.

LE COMMOD.

Et quand je pourrais pardonner à notre diplomatie la fausse politique de nos guerres, mon cœur se révolterait encore de leur immoralité. J'ai lu, par exemple, ces manifestes Russes et Autrichiens, où on invoque avec orgueil la cause des lumières ; et, après cette lecture, je demande encore sur quels principes, le Saint Bernard de la philosophie pourrait prêcher une Croisade contre les Ottomans.

Je sais qu'un farouche Mahomet renversa, il y a trois siècles et demi, le se-

cond trône des Césars ; mais aucune des
maisons souveraines de l'Europe n'a de
droit sur le sceptre des Andronic et des
Paléologue ; d'ailleurs, depuis long-tems,
les Sultans de Constantinople ne causent
plus d'ombrage aux Rois de notre continent. Trop occupés à défendre leur couronne mobile contre un Aga de Janissaires ou un Eunuque du Serrail, ils laissent
l'Europe se déchirer, sans y prendre d'autre part, que de nous anathématiser obscurément dans la Mosquée de Sainte-Sophie,
tandis que les Papes, dans la Basilique de
Saint-Pierre, font tonner contre eux, avec
non moins d'ineptie, toutes les foudres du
Vatican.

Le seul délit des successeurs de Mahomet, aux yeux des Cours Européennes,
serait donc de dédaigner les augustes four-
beries de notre art de négocier avec les
Souverains ; mais, en vérité, il serait dur
de faire disparaître un Empire tranquille,
de la surface du globe, parce que son Monarque, circonscrit aux Dardanelles, n'entretient dans les Cours Chrétiennes aucun
Ambassadeur.

Je suis frappé , dans cette guerre , d'une autre bizarrerie ; il n'y a en Europe que trois Empereurs , et par un concours étrange d'événemens qui caractérise notre siècle , c'est sur eux seuls que pèse en ce moment le fléau de la guerre. Les deux têtes Impériales , qui communiquent par l'intermède des nobles espions du corps diplomatique , veulent ôter le diadème à celle qui ne communique avec personne. C'est à leurs yeux enfreindre le pacte social , que de vivre avec ses peuples , isolé du reste du monde , surtout , quand on a le malheur de n'être né ni dans le schisme de l'église Grecque , ni sous l'orthodoxie de l'Évangile des Papes.

L' E D I T.

Et ce qui rend encore plus effrayante la perspective des longs désastres de l'Europe , c'est que la conquête de la Crimée et le siége de Belgrade , ne sont que la première scène de cette sanglante tragédie. La confédération des têtes Impériales de Vienne et de Pétersbourg contre la tête Impériale de Constantinople , ne semble

L 3

qu'un jeu raffiné du machiavélisme. Les deux puissances rivales essayent leurs forces contre un ennemi commun, afin de se mesurer ensuite elles-mêmes à leur tour ; c'est Auguste et Marc-Antoine qui dépouillent Lépide, pour se disputer après, l'empire du monde.

◆

LE COMMOD.

Philosophe, vous tendez un piége à ma curiosité. Pensez-vous qu'il y ait un autre principe de guerre, que celui qui est consigné dans les manifestes ?

L'EDIT.

Et vous, Commodore, pensez-vous que le germe de tous ces jeux sanglans des Rois, qui amènent les révolutions des empires, se trouve dans leurs manifestes ?

LE COMMOD.

Ainsi toutes ces pompeuses déclarations de guerre, où les Princes fatiguent le ciel de la justice de leur cause , ne seraient que des hochets, jettés aux peuples, pour les empêcher de s'appercevoir qu'on les mène en lisières.

L' E d i t.

Je suis tenté de le croire , sur-tout des manifestes Russes et Autrichiens , contre les Ottomans. Un grand projet couve en silence dans les têtes héroïques de Joseph et de Catherine ; mais il ne doit éclorre , que lorsqu'il y aura à la fois en Europe deux trônes vacans , celui des descendans de Mahomet , et celui des successeurs de Saint Pierre.

La thiare Papale , grace à des entreprises heureuses de la maison d'Autriche , ne tient plus qu'à un fil sur la tête du Saint-Père , mais la couronne des Ottomans semble un peu mieux fixée sur le turban du Grand-Seigneur. Il semble donc nécessaire de commencer péniblement par la conquête , pour finir sans danger par l'usurpation. Voilà pourquoi , pendant qu'on berce le Pape de

L 4

l'espérance de rester souverain sur le Tibre, trois cent mille Russes et Allemands dévastent les provinces Ottomanes , depuis la Crimée jusqu'à Belgrade.

Il est certain, que depuis ce Pyrrhus, dont les fumées de l'ambition furent si heureusement abattues par la philosophie de Cynéas, peu de conquérans ont fait un plus beau songe que nos deux souverains ; ils ont dit : l'empire de Constantinople est dégradé par trois siècles de despotisme , ainsi il appelle un nouveau maître ; les usurpations du Saint-Siége sont éclairées par un siècle et demi de lumières , il sera donc encore plus facile de lui enlever la Rome des Césars.

D'après ce plan magnifique d'agrandissement, Joseph II , déja Roi des Romains, par le nom , le serait en réalité en allant résider au Capitole : et Catherine II , lasse de régner sur les glaces éternelles de la Néva , irait transférer le siége de sa vaste Monarchie, sous le beau ciel des Dardanelles.

Dès - lors renaîtrait le partage de notre Europe en deux Empires, celui d'Orient et celui d'Occident; ce qui dérange un peu cet équilibre entre vingt Monarchies ou Républiques confédérées, auquel nos corps diplomatiques, malgré le jeu incalculable des évènemens, osent promettre l'éternité.

Il est vrai que la politique calcule ici, d'après deux opinions qui ne soi t point d'une évidence mathématique; l'une que la raison est assez mûre en Europe, pour que la religion Romaine se laisse enlever sa Métropole; l'autre, que le fanatisme est assez éteint parmi les Musulmans, pour que Constantinople obéisse à des conquérans philosophes; ainsi le nouveau partage de notre monde, tout brillant qu'il s'offre aux deux imaginations Impériales, pourrait bien n'être qu'un édifice bâti dans les nuages.

Cependant les Cabinets de Vienne et de Pétersbourg, tout en voilant leur marche, vont à leurs fins; le premier anneau de la

chaîne machiavélique est forgé ; déja le
sang coule à grands flots sur les frontières
de la Hongrie et du Pont-Euxin ; le trône
de Constantinople menace de se renverser
sur lui-même ; et notre continent est trou-
blé, parce que deux Souverains inquiets
veulent changer de capitale.

L e C o m m o d.

Philosophe, j'aime cette idée neuve sur
l'origine de la guerre, fût-elle un paradoxe ; les conquérans font des rêves aussi
absurdes, mais il est rare qu'ils en fassent
qui ayent une pareille teinte de grandeur.
Continuez d'envisager, sous ce point de vue,
la rupture entre nos trois Empires ; et quel
que soit le succès de cette entreprise mé-
morable, pour changer l'équilibre de l'Europe, soyez le Tacite d'une révolution, qui
même en échouant, a encore des droits à
la mémoire des hommes.

L' E d i t.

Non, Commodore, je ne serai point

l'historien de cette guerre ; mon génie, tout faible qu'il est, aspire à s'exercer sur un plus grand théâtre. Je m'inquiète peu de deviner, à quel individu couronné appartiendront des Empires, qui ne savent pas appartenir à eux-mêmes ; mais je desirerais savoir, d'où vient le droit de ces individus, de classer les hommes en troupeaux et de s'en partager la propriété : s'il y a un contrat primitif entre l'être qui obéit et celui qui commande : et, dans l'hypothèse où l'homme serait digne d'être libre par des loix, si on pourrait, dans ce siècle de lumières, lui dresser un code, avoué par la raison sublime des Socrate et des Marc-Aurèle.

Le Commod.

L'embarras n'est pas de faire dans son cabinet des *Utopies* ou des *Républiques* : il suffit d'avoir l'ame de Platon ou de Thomas Morus ; mais il nous manque d'avoir des hommes, pour être les instrumens de cette révolution philosophique ; la multitude nulle part ne voudrait acheter la li-

berté. au prix qu'il lui en coûterait pour
la conserver ; d'ailleurs comment y faire
concourir ces têtes couronnées, qui, demi-
dieux sur la terre asservie, du moment que
le genre-humain s'élèverait à la hauteur de
la nature, ne seraient plus que des hommes ?

L' E D I T.

Qu'un seul peuple donne le signal, et,
avant un demi-siècle, je vous répons de la
régénération de l'Europe.

L e C o m m o d.

Vous avez une bien haute idée de la perfec-
tibilité du genre-humain ; peut-être qu'on en
espérerait moins, en le connaissant mieux ;
mais en adoptant votre brillante chimère,
quel serait le peuple qui donnerait à l'Europe, l'exemple de s'organiser en République de Sages ?

L' E D I T.

Le mien, Commodore.

LE COMMOD.

Voilà la fièvre du patriotisme, et je n'attendais de vous que la raison froide et tranquille du Philosophe.

Si jamais quelque ville dût aspirer à la gloire d'être l'institutrice de l'Europe, c'est Londres, sans doute : Londres qui a une Constitution, quand vous n'avez que des Arrêts du Conseil ; Londres, heureuse de l'impuissance de ses Rois pour l'opprimer, tandis que vous avez des prisons d'Etat qui s'ouvrent impunément à la voix d'un Ministre ou d'une favorite ; Londres, qui, avec sa liberté de la presse, a ouvert toutes les portes de la félicité publique, tandis que vous ne pouvez être républicains que dans des tragédies ; et que votre immortel Esprit des Loix, tout faible qu'il est en principes primordiaux, n'a jamais pu être imprimé avec privilége.

Or si Londres, depuis un siècle qu'elle existe, pour l'exemple du globe civilisé, n'a

pas fait faire un pas à la politique des gouvernemens, pensez-vous que Paris soit plus
heureux avec ses lettres-de-cachet, ses
censeurs eunuques et le brillant esclavage
de son siècle de Louis XIV ?

L'Edit.

Commodore, je quitte cette France, qui
jusqu'ici n'a eu que le stérile courage de
vous admirer ; mais, depuis qu'on lui a
rendu ses Etats-généraux, elle a fait un pas
de géant vers les lumières ; déja la Nation
se sent digne de reconquérir sa souveraineté ; une lutte terrible s'élève entre la
raison et un pouvoir oppresseur ; et si ce
dernier cède, les colonnes d'Hercule sont
franchies ; et la Monarchie universelle,
fondée sur la Philosophie, va avoir une
Capitale.

Un seul pressentiment, qui m'oppresse
malgré moi, vient entourer ce riant tableau
d'une sinistre bordure ; la révolution s'opé-
rera sans doute, mais la masse de la Nation peut n'être pas mûre pour recevoir ce

grand bienfait ; mais on peut mettre, au
nombre de ses mobiles, des hommes vils
qui la dégradent ; mais la vertu sans génie, ou le génie sans vertu, peuvent, par
un délit inexpiable, armer le peuple contre tous les pouvoirs ; alors j'avoue que
mon civisme m'aurait entraîné dans une
erreur capitale. J'aurais trop honoré ma
Patrie, en la croyant digne de devenir le
moule, où la Philosophie refondrait le
genre-humain.

LE COMMOD.

A cet égard, le jeu incalculable des
évènemens interdit à la Politique toute
conjecture ; mais il me semble que la
philosophie de vos Français est bien jeune,
pour entreprendre de si grandes choses,
et leur monarchie bien vieille pour les
exécuter.

L'EDIT.

Une insurrection bien faite est la ba-
guette d'Armide entre les mains du Sage ;

elle vieillit la raison des Peuples et rajeu-
nit les Monarchies.

Au reste j'aime mieux être historien que
prophète. Ce grand problème ne peut se
dénouer par le raisonnement. J'attendrai
qu'il se dénoue de lui-même par les faits;
mon inquiétude ne sera pas de longue durée. Dans les révolutions, où les lumières
ne jouent pas un rôle subalterne, les évènemens se précipitent pour accélérer la catastrophe. Je ne sais si mon imagination
m'en impose ; mais tout me dit, qu'avant
qu'une année s'écoule, je saurai s'il me
reste une patrie, ou si je suis condamné
à n'en avoir jamais.

Jusqu'à ce que ce grand rideau des évènemens se déroule à mes yeux, je prépare
en secret mes pinceaux : j'étudie toutes les
législations qui ont fait époque sur le globe,
depuis le code que Solon donna à Athènes,
jusqu'à ceux que le Nouveau Monde a reçus
de Penn et de Wasington.

Des entretiens philosophiques avec des
hommes

hommes d'état me seraient non moins utiles, parce qu'ils serviraient à réunir une foule de rayons de lumière, épars dans un seul foyer; et, à cet égard, le Ciel et votre bienfaisance, Commodore, vont surpasser mon attente; vous avez reçu sur votre bord, en quittant l'Archipel, un vieillard, inconnu même à son bienfaiteur, gardant le silence le plus touchant sur ses infortunes, mais dont une tête moulée à l'antique, un air de majesté empreint sur sa physionomie, une bouche ne s'ouvrant que pour prononcer des oracles, décèlent un être à grand caractère, qui me guiderait sans doute dans le dédale tortueux du cœur humain, et dans les idées génératrices, dont se forme l'ensemble d'une législation. Depuis long-tems je cherche à le pénétrer; mais il me devine, et mon admiration pour son grand sens redouble, par les efforts mêmes qu'il fait pour m'échapper. Je vaincrai sa réserve, peut-être; et si jamais je viens à bout d'électriser sa pensée, c'est dans le génie de cet homme extraordinaire, que je puiserai les élémens de ma république.

CHAPITRE II. .

DES HÉROS DE LA RÉPUBLIQUE.

C'EST ainsi que la guerre contre les Ottomans conduisait à soulever un peu le voile derrière lequel des Rois conquérans se croyaient en droit de conjurer contre le repos du monde. On ne parlait dans toute l'Europe que des suites de l'usurpation de la Crimée et du siège de Belgrade; des désastres que ces expéditions, d'une démence héroïque, entraînaient à-la-fois pour les vaincus et pour les vainqueurs; et il n'est pas étonnant qu'elle fit déraisonner quelquefois les têtes politiques qui se trouvaient sur notre vaisseau.

Ce vaisseau n'était point celui de l'État Français qui, attaqué lentement jusques dans sa carène par le ver rongeur du des-

potisme , changeant de pilote à chaque
orage , ne faisant exécuter ses manœuvres
que par des êtres vils et sans caractère ,
perdait peu à peu, avec l'empire des mers,
son antique influence sur la politique de
l'Europe.

Le vaisseau dont je parle, et que je n'ai
pas besoin de désigner sous le voile de
l'allégorie, était tout simplement un bâtiment de la Tamise, destiné à protéger, avec
une petite flotte de conserve, le commerce
du Levant; la bienfaisance du Comodore y
avait réuni des passagers des quatre parties
du monde ; ainsi c'était avec quelque raison qu'il se nommait le Cosmopolite ; une
tempête ayant dispersé la flottille, il croisa
quelque tems seul dans l'Archipel : vers l'é-
poque de l'insurrection Française , il s'ap-
procha du théâtre des massacres ; mais quoiqu'il voguât avec un pavillon neutre, il était
peu rassuré sur sa destinée; comme il portait des vivres pour tout infortuné qui avait
le nom d'homme, il était aisé d'empoisonner ses vues philosophiques ; un Amiral Turc
pouvait faire empaler l'équipage, et un Ami-

ral Russe l'exiler dans les déserts glacés de
la Sibérie.

Cependant, malgré le danger, le Commodore qui avait ordre de faire voile vers
la Crimée, se détermina à passer sous le
canon des Dardanelles. Un vent qui souf-
flait en poupe, les ténèbres de la nuit, et
encore plus, l'inexpérience de la flotte d'ob-
servation, rendirent sa témérité heureuse,
et il entra, sans avoir été apperçu, dans la
mer que nous appellons Noire, quoiqu'il
n'y ait pas plus de mer Noire que de mers
Rouges ou de mers Vermeilles : c'était simplement une mer inhospitalière du tems des
Argonautes.

Aux premiers rayons du soleil levant, qui
vinrent dorer les riches plaines de l'Asie
et les Minarets de Constantinople, nous
fûmes hors de l'atteinte de l'artillerie Musulmane. Ce fut alors que nous nous vîmes
suivis par une petite Felouque, qui faisait
de vains efforts pour nous atteindre : à la
portée du canon, elle arbora un pavillon
blanc ; comme elle n'était point armée en

guerre, le Cosmopolite ne trouva aucun
danger à diminuer de voiles et à se laisser
aborder. Un Aga de Janissaires sortit seul
du bâtiment Turc, et ayant demandé à entretenir en secret le Commodore, il four-
nit, par le discours suivant, un long ali-
ment à sa curiosité.

« Magnanime Anglais, la renommée de
» ta vertu a pénétré jusqu'au Serrail du
» Grand Seigneur. Une Sultane, qui n'a qu'un
» crime à se reprocher, celui de l'avoir été
» un jour, te conjure de la recevoir sur
» ton bord, et de lui donner une autre pa-
» trie que celle où elle a eu le malheur de
» régner. Sous quelque titre que tu l'ad-
» mettes dans ton vaisseau, elle s'en croira
» honorée ; elle consent, s'il le faut, à être
» esclave dans Londres, pour expier l'op-
» probre d'avoir été Souveraine dans Cons-
» tantinople.

» On se livre à tes soins tutélaires, avec
» toute la simplicité de l'innocence ; rien
» ne sera plus pur que ce bienfait, parce
» que personne n'aura à rougir du retour ;

M 3

» on te croit même assez grand, pour ne
» point exiger le nom de la Sultane, ce
» nom que ses remords la condamnent à
» ne révéler jamais.

» Quelque délicat que soit ce service, tu
» ne sera point compromis. A ton retour
» aux Dardanelles, tu croiseras quelques
» heures sous les jardins du Sérail, et là
» on t'instruira du plan d'évasion de la Sul-
» tane. Moi seul je suis dépositaire d'un
» secret qui expose ma tête ; fie toi du suc-
» cès à la grandeur d'ame de cette infor-
» tunée, à mon courage et à ta vertu. »

Le Musulman n'attendit pas la réponse ;
elle était écrite dans le cœur du Commodore, car c'est offenser un homme libre, à
qui on propose d'être généreux, que de
douter de sa générosité.

Déja la Felouque étoit hors de la vue
du Cosmopolite, quand l'Anglais apperçut
à ses pieds un diamant de grand prix, que
l'Aga avait laissé tomber adroitement, avec
un billet, qui indiquait que c'était le prix

du passage de la Sultane : il le ramassa en soupirant; le ciel me sert mal, dit il, et je perds tout le mérite de mon bienfait.

L'arrivée de cette Felouque avait excité l'attention de tout l'équipage; mais l'entretien de l'Aga ne transpira jamais : le Commodore garda le secret d'une Sultane qu'il ne connaissait pas, comme il aurait gardé celui de son Souverain. Moi-même, le dépositaire de toutes les pensées de cet homme généreux, je n'ai été instruit de cet évènement étrange, que quinze mois après, lorsque tous les personnages qu'il pouvait compromettre virent dissiper, par dégrés, la nuit profonde qui couvrait leurs avantures.

Quand le bâtiment Turc se fut tout-à-fait dérobé à nos regards, nous revînmes à nos entretiens ordinaires sur la guerre, qui commençait à embrâser l'Europe ; sur - tout, nous nous épuisâmes en vaines conjectures, sur ce que deviendraient les projets combinés de la Sémiramis de Russie et de l'Alexandre de l'Allemagne : chaque passager

voyait l'avenir d'après le prisme de son imagination, et ce prisme, tout en caractéri-
sant l'homme qui en faisait usage, était.
loin de présenter le vrai tableau de la nature.

Pendant que les flots de la discussion
politique étaient le plus agités, une jeune
Grecque, assise avec nous sur le pont, d'un
mot, sorti de l'organe le plus enchanteur,
vint tout d'un coup calmer l'orage : vous
cherchez, dit-elle, à lire dans un vague avenir, si Joseph-Alexandre, si Catherine-Sé
miramis entreront en conquérans dans de
nouvelles Babylones ; mais pourquoi, dans
un siècle de lumières, y a-t-il un Alexandre
et une Sémiramis ?

Ce mot faisait pressentir une raison profonde : il frappa d'autant plus, qu'on ne
l'attendait pas d'une bouche de roses, qui
naturellement ne devait s'ouvrir que pour
les inflexions de l'amour ; nous fîmes un
cercle autour de cette Minerve de vingt
ans, et elle continua ainsi sa Philippique.

« Dans les tems de barbarie, où l'homme

» ne savait que trembler et obéir, les rois
» se disaient tels, par la grace de leur épée,
» et cette épée était vraiment le sceptre du
» monde ; les conquêtes se faisaient aussi
» naturellement que les échanges : on com-
» merçait du sang des peuples, comme de
» la vente des bêtes de somme, et plus un
» héros s'entourait de cadavres, plus il était
» sûr de son apothéose.

» Dans des siècles de demi-lumières,
» les Souverains de l'Europe se sont dit Rois
» par la grace de Dieu, et c'était en d'au-
» tres termes l'être encore par la grace de
» leur épée ; car la religion dominante n'of-
» frant aux regards qu'un Dieu extermi-
» nateur, il était évident que le Dieu qui
» distribuait les couronnes, donnait aussi
» à ses grands vassaux le droit de mort, sur
» les peuples qui refusaient de changer de
» fers : une douzaine de ces lieutenans du
» Dieu des batailles se partageaient dans
» leurs Divans les dépouilles du monde, et
» on appellait l'exécution de leurs décrets,
» faite par un million de brigands soudoyés,

» les suites glorieuses du droit de con-
» quête.

» Enfin, les religions sont devenues to-
» lérantes, la raison humaine a recouvré
» ses privilèges ; on a eu le courage de dire
» aux Souverai qu'ils ne l'étaient que par
» la grace de leurs peuples ; et je m'étonne
» qu'il y en ait encore, qui se partagent les
» trônes qui se trouvent à leur bienséance,
» comme les généraux de la Macédoine
» se partagèrent le monde , à la mort
» d'Alexandre.

Il ne s'agit pas ici d'examiner si Constan-
» tinople gagnera à voir le culte des Russes
» dans Sainte - Sophie ; si un Germain ,
» qui a déja trois couronnes est plus fait
» qu'un serviteur des serviteurs de Dieu ,
» pour donner des loix au Capitole ; il fau-
» drait discuter plutôt à qui appartient le
» droit de guerre : si l'homme est une
» propriété des Rois, comme ses parcs ou
» ses châteaux , et pourquoi, dans toutes
» les grammaires philosophiques, le mot

» de conquête n'est pas synonyme à celui
» d'outrage à la nature ?

Cette hardiesse dans la pensée, cette
énergie dans l'expression, nous avait commandé le silence du respect; tous les yeux
de l'équipage étaient fixés sur cette nouvelle Aspasie, et il fallait qu'ils le fussent,
pour se refuser à l'idée qu'on entendait
parler Démosthène : si cependant Démosthène, à vingt ans, pouvait faire autre chose
que cadencer des mots sonores, et arrondir
des périodes.

« J'entrevois, ajouta la jeune Grecque,
» le motif de votre surprise ; vous me croyez
» ignorante, parce que je suis d'un sexe que
» l'éducation vulgaire avilit : vous me sup-
» posez sans l'expérience des hommes et
» des choses, parce que rien ne vous fait
» connaître que je sais composer un visage
» de vingt ans.

» Apprenez que, née dans la patrie des
» Périclès et des Socrate, mon père m'a
» élevée, comme si je devais ressusciter ces

» antiques héros d'une Grèce qui n'est plus :
» il a vu qu'en me condamnant à n'exister
» que par les graces fugitives de la beauté,
» il ne ferait de moi qu'un faible argile que
» pétrirait un jour, avec dédain, la main
» insolente d'un Bacha ou d'un Sultan : il a
» mieux aimé nourrir mon intelligence,
» me donner les élémens du goût dans Ho-
» mère, ceux de la philosophie dans Plu-
» tarque ; alors, j'ai brisé un vain miroir,
» et je suis devenue un homme.

» Au défaut de l'expérience que donnent
» les ans, j'ai acquis celle que donne le mal-
» heur ; quelques jours de cette dernière,
» valent un siècle de celle qu'on ne doit qu'à
» la marche lente de la vieillesse. A peine
» avais-je quinze ans, que de vils satellites
» du despotisme tentèrent de m'arracher de
» la maison de mes ancêtres, pour m'ense-
» velir toute vivante dans le serrail du Grand
» Seigneur ; mon père, qui me tenait mou-
» rante dans ses bras, eut la courageuse im-
» prudence d'appeller ses concitoyens au se-
» cours de ma vertu, et on l'accusa, dans le
» Divan, d'avoir appellé à la liberté le Pélo-

» ponèse. Le soupçon seul d'un pareil délit
» est un crime de lèze-Majesté, dans les
» États absolus : nous avons donc été con-
» traints, depuis cette époque fatale, d'er-
» rer sans patrie, cherchant la nuit dans des
» champs dévastés, de vils alimens que la
» pauvreté dédaigne, nous cachant le jour
» dans la poussière des tombeaux, et grace
» au joug d'airain qui tient la Grèce abru-
» tie, n'ayant rencontré d'être sensible que
» l'Anglais généreux qui nous a offert un
» asyle dans son vaisseau. Vous voyez, par
» ce tableau de ma vie, si j'ai quelque droit
» de ne point aduler les Rois, de mettre en
» balance leur pouvoir usurpé, avec les
» privilèges imprescriptibles de la nature
» humaine, et de faire rougir de leur gloire
» même, des Alexandre et des Sémiramis.—

Pendant ce récit, le silence de l'équipage avait redoublé : tous nos regards étaient
fixés sur la jeune héroïne, et toutes nos
ames concentrées dans nos regards ; un de
nous laissa tomber une larme sur la main
de la Grecque, et nous reconnûmes son
père.

C'était un homme, dans le déclin de
l'âge, d'une belle stature, ayant de la majesté dans les regards, et une tête élevée
qui semblait annoncer l'habitude du commandement; jusqu'à ce moment, son chagrin, renfermé dans le fond de son cœur,
ne s'était exhalé par aucune plainte; inaccessible à une curiosité indiscrète, par le
silence auquel il s'était condamné, il opposait les dehors d'une indifférence philosophique au récit de nos guerres et des malheurs qu'elles entraînent. L'univers entier
semblait n'exister pour lui que dans notre
vaisseau, et ce vaisseau lui-même ne tenait à son âme que par ses livres et par
sa fille.

Le discours éloquent de la jeune Grecque le tira de sa léthargie; il s'apperçut,
pour la première fois, qu'il était avec des
hommes; alors, descendant en lui même,
il parut prendre quelque part au choc des
trois Empires, d'où allait résulter le désastre
de l'Europe.

Éponine, dit-il, tu as élevé, sans le savoir,

une question qui aurait embarrassé tous les sages du Portique : elle tient aux élémens du Pacte Social, que Socrate lui-même, le plus éclairé des hommes, n'a pas osé rechercher : crois moi, n'appliquons pas la philosophie à des problèmes, que la raison est encore trop jeune pour résoudre ; soyons obscurs pour être heureux ; vivons en paix avec les Rois, ce qui est aisé, et sur-tout avec nous-mêmes, ce qui est difficile.

La curiosité vulgaire s'irrite par le refus de la satisfaire ; la curiosité philosophique encore plus ; car c'est un besoin, pour l'être qui pense, de ne point laisser échapper un fil unique qui tient aux premières causes. Nous nous réunîmes à conjurer l'auguste inconnu de nous croire dignes de l'entendre ; notre enthousiasme pour Eponine l'avait déjà disposé en notre faveur ; il s'assit au milieu de nous ; tout était calme alors au firmament, sur la mer et dans le vaisseau ; la nuit qui allait étendre ses voiles autour de nous, nous inspirait une sorte de recueillement, que l'attente des oracles d'un Sage rendait religieux ; le philosophe, pour

être tout entier à lui-même, écarta dou-
cement la main d'Eponine, qui palpitait sur
ses genoux, et nous montrant le côté du
ciel, où quelques rayons pourpres et oran-
gés indiquaient encore la retraite peu éloig-
née du soleil, il s'exprima ainsi.

CHAPITRE III.

CHAPITRE III.

ÉLÉMENS DE L'ORGANISATION SOCIALE.

CET astre, dont vous venez de voir tarir les torrens de lumière, les fera jaillir demain à vos yeux, et continuera de même, à chaque révolution du globe, sans que le cours des siècles ajoute rien à sa substance, ni lui en fasse perdre; le monde social est, à cet égard, comme le soleil; il paraît aujourd'hui, tel qu'il était peut-être il y a quarante mille ans : la civilisation lui a donné une certaine dose de lumières, qui du moins, jusqu'à la découverte de l'imprimerie, n'a jamais ni augmenté ni diminué sensiblement; le bonheur qui résulte pour lui d'un esclavage mitigé, lui semble les Colonnes d'Hercule, au-delà desquelles sont les limites de l'univers et l'empire du néant.

La raison s'est promenée successivement

Tome I.   N

sur presque tous les points de la surface
de la terre, sans y avoir laissé des traces
profondes de son passage : ainsi que les
héros des gouvernemens populaires, elle
est aujourd'hui l'idole d'une nation, qui l'oublie demain : les fautes, à cet égard, des
générations sont presque toujours perdues
pour celles qui les suivent : on dirait que,
parce que de timides législateurs ont ourdi
avec succès cette toile fragile des loix, qui
garantit le Pacte Social de l'atteinte des
insectes, nous n'avons plus rien à redouter
de l'audace de l'aigle et de la voracité des
vautours.

D'où vient cette insouciance de l'homme
civilisé, pour franchir l'enceinte étroite où
les préjugés politiques l'ont circonscrit ? Je
vais vous le dire avec liberté, parce que
c'est un concitoyen de Locke et de New-
ton qui nous donne ici des loix, et que,
s'il y a quelques êtres libres sur ce globe,
ils sont sur ce vaisseau.

L'édifice social s'écroule de tout côté,
mais personne n'ose l'abattre afin de le

reconstruire, parce qu'on a eu la maladresse de le bâtir sur l'autel. Le respect dû à la base, arrête la main courageuse qui s'arme de la hache ; on craint d'acheter le titre de bienfaiteur des hommes par celui de sacrilège : en un mot, les loix sont par-tout dans l'enfance, parce qu'on les a fait protéger par le culte ; on a mis la patrie dans le sein de la religion, au lieu de mettre la religion dans le sein de la patrie ; et il en a résulté peu-à-peu pour les empires les plus éclairés, qu'ils n'ont eu ni patrie, ni religion. —

A ces mots un murmure involontaire se fit entendre dans l'équipage ; aucun de nous ne se trouvait assez aguerri par la philosophie, pour ne pas s'étonner d'une théorie aussi audacieuse : l'étranger s'apperçut qu'il avait touché au vif la blessure qu'il voulait guérir ; et regardant avec attendrissement la sensible Éponine : tu sais, lui dit-il, si jamais j'ai voulu te ravir le dieu qui nous consolait dans nos malheurs ; en t'éclairant sur sa puissance, en te jettant dans son sein, je remplissais le devoir le

plus sacré pour mon cœur ; je te léguais
à ce père de la nature, déstiné à me survivre, mais non à me faire oublier.

Aprés cet épanchement, qui ne coûte
rien à ma franchise, je vais continuer à
parler cette langue austère de la politique
sociale, que si peu d'hommes d'État sont
dignes d'entendre.

On ne connaît aucun Code de loix, qui
ait été donné à un peuple brut, et sorti
récemment des mains de la nature ; tous
étaient à demi civilisés, quand ils songè-
rent à s'enchaîner au Pacte Social ; et voilà
une des premières causes de l'imperfec-
tion de tous les systémes de loix ; les législateurs, par reconnaissance, se crurent
obligés de lier à leurs sages institutions des
coutumes insensées, qui tiennent lieu de
loix aux Sociétés qui n'en ont point, et de
construire ainsi leur nouvel édifice avec
les décombres des cabanes qu'ils démolis-
saient ; ce n'est point sur des plans aussi
informes en architecture, qu'on bâtit pour
l'éternité.

Parmi ces décombres antiques, étaient les usages religieux ; Eponine l'a dit : les peuples, au berceau des Sociétés, ne savent que trembler et croire : c'est donc en s'entourant d'erreurs et de terreurs, qu'ils purent commencer l'ouvrage de leur civilisation : l'homme de génie vint ensuite ; on lui dit : donne nous des loix qui lient le ciel à la terre, et il plaça l'État sur l'autel.

Rendons justice cependant à des hommes supérieurs, tels que Moïse, Lycurgue et Numa : ce fut une considération majeure, qui les détermina à donner d'abord un bandeau à l'homme, afin d'avoir ensuite le droit de l'éclairer ; ils sentaient qu'une volonté individuelle ne pouvait enchaîner long-tems la volonté générale : ils se déterminèrent donc, pour donner quelque stabilité à leur Code, de le faire sanctionner par la seule puissance que respecte un peuple enfant, par les dieux ; ils se flattaient sans doute, que quand ce peuple serait dans sa majorité, il ratifierait ses institutions, en leur donnant une sanction

d'un ordre bien plus auguste , celle du
concours de toutes les lumières.

Malheureusement les peuples , dominés
par le despotisme , avilis par le fanatisme,
ne deviennent jamais majeurs ; toujours
sous la tutelle des Rois'ou des prêtres , ils
ne font aucun usage de la force politique,
que leur donnent les meilleures loix ; et
après une longue période d'erreurs et de crimes , cangrénés par le luxe le plus dépravateur , on ne peut les régénérer que par
l'horrible méthode que Médée indiqua aux
filles de Pélias , en les mettant à mort.

Combien d'erreurs politiques découlaient
cependant de cette idée malheureuse , de
placer, sur le frontispice des législations, les
images fantastiques des dieux faits par les
hommes !

Si Lycurgue , qui d'ailleurs fut le seul
des législateurs qui eut le courage de fon-
dre sa statue d'un seul jet ; si Lycurgue ,
dis-je , n'avait pas eu la faiblesse de met-

tre son Code sublime sous la sauve-garde
d'un dieu sans mœurs, tel que l'Apollon
de la mythologie, aurait-il entr'ouvert les
robes flottantes des vierges de l'Eurotas?
Les aurait-il fait lutter toutes nues dans
les jeux publics, avec les jeunes vainqueurs
des Perses? N'est-ce pas à cet absurde
alliage du culte et des loix qu'il faut attribuer sa grande erreur, que la pudeur est
une convention sociale, que l'instituteur des
Sociétés peut anéantir; erreur qui conduit
à rendre inutile, pour la vertu, cette volupté
douce, sur laquelle repose le bonheur des
hommes?

La communauté des femmes a gâté les
belles institutions politiques de Numa; et
c'est la faute de l'intervention d'Egerie sa
maîtresse, dont il osa faire l'apothéose.

Je ne parle pas ici des Théocraties, de
ces gouvernemens contre nature, qui rap-
portent tout à l'idée terrible d'un ange exterminateur, d'un dieu des batailles; il
est évident qu'une Société de Prêtres-Rois,
qui peut tourmenter la terre avec l'épée,

N 4

et la brûler avec le feu des encensoirs, est essentiellement illégale ; et que jusqu'au moment où l'avènement de la raison vient paisiblement la dissoudre, elle n'existe, au milieu des ruines dont elle s'entoure, que par la lâcheté de ses victimes.

Je m'échauffe peut-être, mes amis, quand je ne devrais que discuter avec vous, dans le calme des sens et le silence absolu des préjugés ; mais vous pardonnerez sans doute à un cœur long-tems flétri par l'infortune, cet élan de sa sensibilité : Eponine et moi, nous avons eu si long-tems à gémir de l'épée de Mahomet & de son Évangile, que je ne puis parler de sang-froid du crime des législations qui ne sont que religieuses. Au reste, s'il existe encore des Théocraties, sur ce globe où ont vécu Socrate, Zenon, Confucius et Marc-Aurele, il est plus aisé aux sectaires qui les protègent de me punir que de me répondre.—

Vous ne m'aviez pas encore initié, mon père, dit la jeune Grecque, dans une si

haute doctrine ; pouviez - vous donc vous
défier d'une intelligence que je devais à
vos soins ? Ah ! j'aurais sans doute justifié
vos espérances, puisque j'entends parfaitement aujourd'hui, soit les principes que
vous exposez, soit ceux que vous ne nous
faites qu'entrevoir. Je me persuade sans
peine, d'après votre théorie, que toutes
les législations connues ont le double vice
radical d'être formées des débris des vieil-
les institutions sociales, et d'avoir pour
fondement un culte émané des hommes.
J'oserai même en tirer une conséquence
hardie, à laquelle votre prudence semble
se refuser ; c'est que, pour bien mériter du
ciel et de la terre, le législateur, qui refait
le Pacte Social, doit être sans patrie et sans
Religion. —

Ma fille, je n'ai plus rien à t'apprendre...
Mais à ce frémissement général dont je
viens d'être témoin, et que personne n'a
su dissimuler, je vois qu'on accuse en secret ton ame pure, de s'être souillée d'un
double sacrilège... Eponine, qu'as-tu fait ?
crois - tu donc être encore dans les villes

en ruine du Péloponèse , foulant à tes pieds le marbre des tombeaux de Solon et d'Anaxagore , et n'ayant pour témoin de tes épanchemens qu'un père qui s'éclaire avec toi , des morts illustres qui revivent dans ton intelligence, et un Dieu , père des mondes, qui te pardonnerait jusqu'à tes blasphèmes ? Garde que ta franchise ne t'expose à perdre le patrimoine de la beauté vertueuse, l'estime de tout ce qui nous environne.

Eponine rougit ; car , en s'élevant aux conceptions sublimes de l'homme , elle n'avait pas perdu les dons de son sexe , les graces de la pudeur. Son père lui tendit sa main , qu'elle baigna de ses larmes, et c'est, quand il eut interrogé ainsi cette ame sensible et belle , qu'il se permit son apologie.

La religion des hommes , dit le vieillard , est le fléau des bonnes loix ; mais enfin il existe une religion antérieure à l'ordre social ; et quand même une politique infernale tenterait de me rendre athée, et par

conséquent ingrat par systéme , je trouve-
rais le contrepoison de ses dogmes avilis-
sans dans une anecdote de mon enfance ,
dont le souvenir heureux fait encore le
charme de ma vieillesse.

Mon père , tu le sais , Eponine , impatient de mettre la dernière main à la *République* du grand Platon , dont il avait
reçu le manuscrit en héritage , avait eu le
courage, dans l'âge mûr, d'aller consulter,
sur les élémens de l'ordre social , les Sages
de la plus ancienne académie du globe ,
les Sages de cette ville de Bénarès , qui
fut fondée par les Patriarches du monde
primitif ; c'est dans les ruines de cette métropole de l'Orient que j'ai pris naissance ;
du moment que je pus balbutier le nom si
touchant de père , le philosophe auguste à
qui je devais le jour m'entretint du père
des mondes ; et ses dogmes religieux n'ef-
frayaient point mon entendement ; car il
me le peignait bon par essence : il se tai-
sait sur sa justice sévère , et ne me parlait
que de ses bienfaits.

Quand il crut cet entendement assez
mûr, pour que des vérités d'un autre ordre pussent y germer, il maria à l'idée de
culte, celle d'harmonie sociale; et il réussit
sans peine à me faire entendre, que s'il ne
pouvait y avoir de religion sans loix, d'un
autre côté, il ne pouvait y avoir de loix
sans religion.

Un jour, j'avais douze ans, et le souvenir, depuis cette époque, ne s'en est
jamais effacé, nous venions de visiter des
Pagodes Indiennes, où des dieux, tantôt
sanguinaires, tantôt ridicules, cachaient,
sous l'or et les pierres précieuses, le néant
de leur origine sacerdotale; et j'avais con-
çu, sans de pénibles efforts, que si l'Asie
dégradée gémissait sous les entraves de
ses gouvernemens, elle devait s'en prendre
à l'ineptie de ses fondateurs d'empire, qui
avaient divinisé leurs Codes, et protégé le
despotisme des loix par le despotisme des
religions.

Cependant, comme cette conséquence

rigoureuse pouvait jeter des semences
d'athéisme dans mon jeune cœur, le vieillard frémit de m'abandonner à mon inexpérience ; mon ami, me dit-il, un printems éternel règne dans ce climat fortuné,
qui fut peut-être le berceau du monde ; les
fleurs y naissent sous la main qui coupe
leurs tiges ; elles sont, comme l'air qu'on
respire, la propriété de tout ce qui peut
les atteindre ; tressons-en quelques guirlan-
des, et suis moi.

Nous parcourumes, en cueillant ainsi
des fleurs, toute la lisière d'un bois antique de palmiers ; arrivés à l'angle qui le
terminait, nous trouvâmes, au pied d'un
arbre vénérable, un autel formé de trois
assises de pierres brutes, qui semblait
abandonné depuis cinquante siècles : c'est
ici, dit mon père, qu'il faut déposer nos
offrandes ; je portais de tout côté des regards curieux et inquiets, pour savoir quel
était le dieu qui exigeait le double culte
de l'enfance et de la vieillesse. Tes yeux
vulgaires ne le voyent point, ajouta le Sage,
parce que les hommes ne l'ont point fait ;

mais il existe, et il ne s'est jamais dérobé
aux yeux de l'entendement ; par-tout on
peut lui ériger des autels , parce que tout,
dans les mondes qu'il vivifie , est plein de
sa puissance et de ses bienfaits.

Ce dieu, père de la nature , est le dieu
des hommes primitifs ; ils se gardèrent bien
de le dégrader , en le captivant dans l'enceinte d'un temple, en confiant son simulacre au ciseau d'un sculpteur ; un autel,
simple comme les mœurs de l'âge d'or ,
le désigna à la multitude ; l'offrande de
quelques fleurs attesta le culte pur de la
reconnaissance ; ce culte était celui du
bonheur , et il fut universel, parce que
par-tout on était heureux.

Ce Dieu, sans prêtres , sans temple et
sans images , n'a jamais nui à l'homme,
parce que l'homme n'a jamais osé le faire
parler ; aussi il entre dans les élémens de
toutes les législations dont l'esprit humain
s'honore : il est la première pierre de tout
l'édifice social.

Mais ce dieu sublime semble , depuis

Mennet Del.   Schmidt Sculp.

Ce tronc mutilé par le tems,
De Benarès un jour fut le Dieu tutélaire.

un grand nombre de siècles, n'avoir d'a-
sile que dans l'entendement du Sage, et
dans le cœur de l'homme de bien. Le peuple qui, à force de n'exister que pour ses
sens, finit par n'exister que par eux, se
dégoûta du culte d'un être suprême qu'il
ne voyait pas ; alors les fondateurs de la
Société cédèrent, en rougissant, à la volonté générale, et placèrent un Dieu-homme à la tête de leurs législations. —

D'après l'éducation philosophique que
j'avais reçue, l'idée d'un Dieu-homme semblait contradictoire à mon intelligence ;
mon père, qui vit mon anxiété, me dit de
prendre une bêche et de creuser la terre
au pied de l'autel. Après une demi-heure
de travail, le buste mutilé d'une statue
parut à mes yeux, et je ne pus m'empêcher de le contempler avec une sorte de
dédain ; méprise moins, me dit mon père,
l'objet des hommages d'un grand peuple,
qui valait mieux que ceux qui l'ont sub-
jugué :

ce tronc mutilé par le tems,
De Bénarès un jour fut le Dieu tutélaire.

Je restais immobile devant ce vain simulacre de l'ordonnateur des mondes, qui ne
portait en moi aucune idée de majesté;
mon fils, me dit le Sage, voilà un Dieu-
homme; il ne ressemble point au père de
la nature, adoré dans le premier âge; mais
du moins il est tracé, d'après le tableau d'un
homme bienfaisant; et, à cet égard, c'est
la moins imparfaite des divinités qu'on a
offertes aux hommages de la·multitude.
Son image, je le sais, rapetisse l'Etre su-
préme, mais du moins elle relève ses adorateurs; et l'homme d'État qui organise les
Empires peut encore appuyer ses loix sur
le sol mobile d'une pareille religion. —

Mon père ne m'en dit pas davantage; et
c'était tout ce qu'à douze ans, moi-même,
j'étais à portée d'entendre; mais en y ré-
fléchissant aujourd'hui, je crois voir, dans
ce peu de paroles, le fil qui conduit à la
solution du problème sur les cultes, et
peut-être la justification de mon Eponine.

Il faut distinguer dans le monde civilisé
trois époques, et deux lignes de démarcation

tion bien prononcées, qui établissent leur influence diverse sur la religion.

Le premier age est celui qui touche au berceau du globe; alors personne n'était peuple, et le culte simple et pur de l'ordonnateur des mondes convenait à tous les individus de la grande famille.

Dans le second age, la population s'étant accrue, la majorité des habitans de la terre devint peuple : alors il fallut fixer, par des images sensibles, des idées, auxquelles l'entendement dégradé avait peine à atteindre, et on plaça sur les autels de la nature le simulacre d'un Dieu-homme.

Le dernier age, et c'est celui qui subsiste depuis les monumens de l'histoire écrite, embrasse les tems où tout le monde a été peuple, excepté un petit nombre de Sages; cet age est celui de toutes les erreurs et de tous les crimes; chaque ministre des autels, chaque chef de secte, chaque fondateur d'empires a fait Dieu à son image; et voilà pourquoi, sur presque

Tome I.   O

tout le globe, on n'adore que des êtres vils, capricieux et sanguinaires; voilà pourquoi l'homme de bien, écrasé par le despotisme des trônes, cherche en vain des autels de paix où il puisse reposer sa tête.

Il suit de cette théorie que le Dieu des hommes primitifs entre comme partie intégrante dans les élémens de toute législation; que celui du second age, ou le Dieu unique, organisé à l'image de l'homme bienfaisant, ne nuit point aux Codes où on le fait intervenir, mais que tous les fantômes divinisés de la troisième époque impriment un caractère d'opprobre et de mort, sur les plus belles loix dont s'honorerait la raison des Locke, des Penn et des Frédéric.

Et c'est dans ce sens qu'Eponine a pu dire sans erreur, mais non pas sans rougir, que le législateur qui refait de nos jours le Pacte Social, doit être sans patrie et sans religion.

Cette apologie fit respirer tous les audi-

teurs ; c'est alors que le vieillard proposa
à Eponine de la conduire à son hamac :
non , dit le Commodore , la nuit va bientôt envelopper l'horison ; ses voiles adou-
ciront un peu les vérités hardies dont vous
venez de jetter le germe ; achevez d'épou-
vanter notre raison , vous nous avez mon-
tré de loin les portes de votre monde social , osez nous y introduire.

CHAPITRE IV.

IDÉES PRIMITIVES SUR LA RÉPUBLIQUE.

L'AUGUSTE inconnu était fier de ce qué
le Commodore ne semblait exiger qu'un
épanchement de lumières, en retour de sa
générosité : homme respectable, dit-il, vos
desirs sont des ordres pour moi; mais connaissez vous toute l'étendue de votre demande? Savez-vous que, pour remplir votre
attente, il faut que je vous fasse recueillir
en une nuit, ce que j'ai été quarante ans
à semer? Savez-vous que de vagues entretiens, sur la destinée de nos trois empires
d'Europe, me conduiront à vous dessiner le
plan de ma République ? —

Votre République! répond le Commodore, oh! ce mot me reconcilie avec votre
philosophie audacieuse : ce n'est point vainement que je suis le concitoyen des Stan-

hope, des Gordon et des Sidney ; j'aime
qu'on me mène par les lumières à la liberté. Il ne s'est jamais rien fait de grand
sur ce globe, que par les peuples qui s'ap-
partenaient à eux-mêmes. Satisfaites donc
mon impatience, et puisque vous avez à
dessiner l'homme parfait, apportez votre
palette et vos pinceaux dans une République.—

Je m'honore, dit l'auguste étranger, de
dire avec Homère et vous, que qui a perdu
la liberté, a perdu la moitié de son existence; mais l'ouvrage, que je médite en silence depuis quarante ans, présente un plan
plus vaste que le titre ne semble l'indiquer;
et il ne faut accuser de cette erreur appa-
rente que les grammaires de l'Europe, qui
ont dénaturé le sens du mot République.

Tous les gouvernemens sont fondés sur
la force publique, doivent avoir pour but
l'intérêt public, et méritent également le
nom de République.

Examinez tous les systèmes des grands

publicistes, depuis le disciple de Socrate jusqu'à l'auteur du Contrat Social, tourmen-
tez leurs opinions les plus contradictoires,
pénétrez jusqu'à l'idée mère qui a produit
leurs paradoxes, et vous trouverez toujours, en dernière analyse, que ce qui constitue un État est l'expression de la volonté
générale, dont le Souverain est l'interprète.

Cette volonté générale se manifeste, avec
la plus grande évidence, dans les États libres, où le peuple-Souverain élit et rejette
les dépositaires de sa puissance : elle se
montre, mais avec quelques nuages, dans
les monarchies modérées, où l'agent du
pouvoir ne peut rien changer aux loix fon-
damentales, sans le concours des représentans du peuple qu'il gouverne : elle
existe enfin, quoique très-voilée, dans les
États absolus, où une nation n'est censée
s'être donné des chaînes, que pour qu'un
maître la protè.. contre les horreurs de
l'anarchie.

Sous ce point de vue, tous les États, qui
sont sur le globe, sont formés des mêmes

élémens. La même chaîne politique embrasse l'Athènes de Thémistocle et la Perse des Cambyse et des Xerxès ; elle réunit à l'Angleterre des Gordon et des Sidney, ce Dannemarck, qui a rivé ses fers avec sa Loi Royale ; cette Venise qui se console avec ses bals de l'inquisition de son Sénat, ces trônes mobiles de l'Orient qui appartiennent au premier assassin couronné qui s'y place. Par-tout je découvre, ou du moins je pressens une volonté générale : ainsi pour moi tout est République.

Je sais que ce mot, pris dans son acception philosophique, s'est dénaturé, depuis des myriades de siècles, grace à tous les fléaux du genre humain, qui ont fait du monde leur patrimoine : ils sentaient qu'on s'indignerait moins de les voir tourmenter les peuples avec leurs loix et leur épée, si leurs Chancelleries adoptaient des expressions qui consacrassent le droit de tout oser : telles que, gouvernement d'un seul, que désigne le mot de monarchie, ou l'exercice sans partage du pouvoir suprême, qu'indique celui de Souveraineté. Alors, ils

se sont appellés Monarques, Souverains,
et ont rejetté la belle dénomination de
chefs de Républiques.

Mais la prescription ne doit atteindre ni
les privilèges de l'homme social, ni les termes qui les désignent; en vain, Sésostris,
qui attelait des princes à son char, s'ap-
pellait-il Roi des Rois : en vain, les trois
parricides Néron, Constantin et Aurengzeb
se disaient-ils Empereurs : ils n'étaient, malgré les coupables adulations de l'histoire,
que des interprètes dégénérés de la volonté
des Républiques.

D'un autre côté, les perturbateurs, qui
n'organisent les empires qu'en opérant leur
ruine, ont quelquefois attaché au mot de
République, un sens bien plus fait encore
pour faire rougir les philosophes.

Ils ont dit : la liberté ne consiste pas à
faire ce qui est juste, mais à faire ce qui
plaît; à obéir à la loi écrite, mais à se constituer loi vivante dans l'État; à conformer
sa volonté individuelle à la volonté géné-

rale, mais à plier, d'après une impulsion donnée par ses chefs, la volonté générale à sa volonté individuelle.

D'après cette théorie du machiavélisme populaire, bien plus dangereux que le machiavélisme des Rois, on a vu des villes Grecques armer contre tous les pouvoirs constitués une multitude aveugle, lui dire que tout lui est permis, parce qu'il est le peuple Souverain, et vanter l'énergie de son courage, parce qu'il a commis, sans danger, beaucoup d'assassinats.

Et cette désorganisation complette de tout ordre social, les Lysandre, les Catilina et tous les scélérats qui ont voulu régner sur des tombeaux, l'ont honorée du nom de République.

Gardons-nous de profaner ce nom auguste, ce nom fait pour attester la puissance de l'entendement, en le donnant à un ordre de choses qui, s'il pouvait avoir quelque durée, ramènerait l'homme à la vie turbulente des sauvages, et réaliserait le phan-

tôme absurde et avilissant de l'état de
nature.

Si nous appellons République le gouvernement de l'homme libre sous les loix, soit
qu'il obéisse au pouvoir passager d'un Cincinnatus ou d'un Aristide, soit qu'il respire
sous le pouvoir héréditaire d'un Titus ou d'un
Marc-Aurèle, il faut flétrir, du nom odieux
de Républicanisme, tout État où il n'y a de
force publique que la force populaire, où
l'homme de bien est le seul qui ne commande pas, et où le sceptre versatile de
la loi est tenu par la main insolente des
perturbateurs.

Le monde, sans doute, ne changera pas
tout d'un coup à la voix du philosophe;
il y aura encore, pendant quelques siècles,
des Monarques, des Impératrices, des
Grands-Seigneurs, et sur-tout des Catilina,
qui s'appelleront les Républicains par excellence, parce qu'ils auront été quelques
momens des scélérats heureux : mais je
remonte à l'origine des Sociétés; je dois désigner par des mots primordiaux des idées

primordiales ; et, à l'exception de la tyrannie Royale et de la tyrannie bien pl..s
terrible du Républicanisme , j'embrasserai
tous les gouvernemens , où il existe une
ombre d'ordre social , sous le nom général
de République.

CHAPITRE V.

DIALOGUE SUR LA LIBERTÉ.

PARMI les passagers, que le Commodore avait reçus sur le Cosmopolite, était un Amiral d'Alger, disgracié par son Souverain, non pour avoir fui devant un ennemi supérieur en nombre, mais pour ne l'avoir pas vaincu : car un despote, qui se croit un être à part sur le globe, s'étonne toujours que l'homme, qu'il investit de sa toute-puissance, ne maîtrise pas la nature.

L'Algérien n'avait pour toute suite qu'un esclave, qu'il dérobait avec soin à tous les regards : c'était un jeune Chevalier de Malthe, Français de naissance, et fait prisonnier à sa première caravanne, qui hors d'état, par l'indigence de sa famille, de se racheter, s'était peu à peu résigné à sa longue infortune, et se consolait fièrement, en pensant à Crésus, à Zénobie et à François premier, de la pesanteur de ses fers.

L'Amiral Africain veillait sur-tout à ce que son esclave ne montât pas sur le tillac, pendant que le père d'Eponine posait les bases de sa République : il craignait que les semences de liberté, jetées par le philosophe, ne germassent dans cette ame neuve encore ; et qu'à la fin de l'entretien, la nature reprenant ses droits, il n'y eût plus sur le vaisseau ni maître ni esclave.

LE CHEVALIER.

Eh pourquoi m'empêches-tu de respirer dans cette atmosphère de liberté qui m'environne ? Tu crains donc que les mâles discours d'un Sage ne me fassent retrouver les titres d'indépendance, que le droit de l'épée m'a fait perdre ! tu trembles que la vue des hommes ne me rappelle que je suis homme !

L'AMIRAL.

Eh laisse tous ces phantômes philosophi

ques, qui te voilent la chaîne de tes devoirs; songe qu'il n'existe point d'être libre dans l'univers : Dieu qui tient en main la chaîne des êtres, y est lui-même enchaîné; toi que j'ai vaincu, tu es l'esclave de l'homme, et moi je le suis de la nécessité.

LE CHEVALIER.

Si, en naissant, je subis comme toi le joug de la nécessité, pourquoi m'imposer une seconde chaîne? Espères tu, en me rendant vil à mes yeux, vaincre en moi la nature?—

L'AMIRAL.

Ma nature est de commander à l'ennemi que j'ai vaincu; la tienne est de servir en silence, jusqu'à ce que mon ordre ou la mort vienne briser tes fers.

LE CHEVALIER.

Notre nature, à tous deux, est de n'obéir qu'à nous-mêmes. Maître, pour me faire entendre, permets-moi de t'interroger.

Ici les mœurs font ressortir l'abandon de la nature ;
et toute la volupté est dans la vertu.

L'A M I R A L.

J'y consens : que ta parole soit libre, pourvu que ta main reste esclave.

L E C H E V A L I E R.

S'il n'existait point de Pacte Social, de qui dépendrais-tu?,

L'A M I R A L.

Des évènemens ; du tems qui vient à pas lents flétrir mes organes ; de ce rocher du Caucase, qui peut s'écrouler sur ma tête ; de cette mer irritée qui peut m'engloutir dans ses abîmes.

L E C H E V A L I E R.

Laissons-là cette dépendance, qui dérive de ce que nous ne sommes pas immortels, et qui nous est commune avec tous les êtres ; je m'inquiète peu des chaînes de l'homme physique ; celles de l'homme moral sont les

seules qui pèsent sur l'infortuné. Mets-toi
un moment hors de la Société, et dans cette
hypothèse, de qui l'homme moral en toi
croirait-il dépendre?

L'AMIRAL.

De lui seul, sans doute.

LE CHEVALIER.

Ainsi, tu es bien convaincu que l'homme
isolé, dans un coin du globe, serait libre
par l'exercice de ses organes, et sur-tout
par celui de sa pensée.

L'AMIRAL.

En douter ce serait te faire pressentir que
l'évangile de Mahomet a éteint ma raison;
mais qu'importe un tel aveu? l'homme a t-il
été jeté sur la terre, comme un rocher est
jeté du Cratère embrâsé d'un Volcan? a-t-il
existé un moment sans famille, et par conséquent sans se voir un être social? —

LE CHEVALIER.

Je le pense comme toi, et il faut que cette
vérité

vérité soit bien évidente, puisqu'elle éclaire
à la fois le compatriote de Montesquieu et
un Pirate Africain : eh bien, considérons
un moment l'homme au sein de sa famille,
avant qu'il se soit choisi une patrie ; dis-
moi, lui connais-tu quelque dépendance ?

L'AMIRAL.

Il est Souverain sur ses foyers, comme le
despote d'Alger dans ses états.

LE CHEVALIER.

Mais si tu étais ce Souverain, te croirais-
tu le droit de frapper un fils à mort, de
poignarder une épouse ?

L'AMIRAL.

Un fils, c'est moi-même ; une épouse,
c'est encore moi-même ; ainsi, je ne serais
point assez insensé, pour exercer contre
moi les droits de ma Souveraineté.

LE CHEVALIER.

Voilà une Souveraineté, qui a donc un

Tome I. P.

point de contact avec la dépendance : tu
ne peux donner des loix, sans les faire sanctionner par ta raison : tu ne saurais commander à un fils, à une épouse, sans obéir
à toi-même. Etendons maintenant tes rapports, comme chef de famille. Tes fils ne
seront pas toujours entourés des lisières de
l'enfance, leurs organes se développeront,
leur pensée prendra de l'énergie ; ils de-
viendront pères, et par conséquent Souverains à leur tour : comment l'État nouveau
soutiendra-t-il le choc de tant de Souverai-
netés sans se dissoudre ?

L'A M I R A L.

Si l'État est tout neuf, il déchirera quelque tems ses entrailles sans s'anéantir ; ensuite, un vainqueur s'élèvera sur les ruines
qui l'environnent ; son ambition triomphante
fera taire toutes les ambitions individuelles ;
et c'est ainsi que peu à peu la force jet-
tera les bases de l'empire qu'elle exerce
sur l'univers.

L E C H E V A L I E R.

Je ne crois point à cette monarchie uni-

verselle, fondée par la force : l'homme social, comme l'homme de la nature, a une
pente invincible qui le porte à se conserver, et la force n'a d'activité que pour détruire ; c'est un poignard à double tranchant,
qui réagit sur l'être qui en fait usage, après
avoir frappé ses victimes.

L'AMIRAL.

Ainsi la force qui constitue les Rois.....

LE CHEVALIER.

La force ne constitue que les tyrans : ce
principe est si vrai, que quand cette force
en trouve une supérieure, le trône qu'elle
s'est érigé est anéanti.

L'AMIRAL.

Mais malgré tes sophismes, la terre entière obéit à cette force ; c'est par elle que
le sceptre d'une vingtaine d'hommes pèse
sur l'Europe entière.

P 2

LE CHEVALIER.

On n'obéit pas à la force, on lui cède : est-ce que je suis censé obéir au Vésuve, quand le fleuve embrâsé de ses Laves vient m'engloutir ? Il faut un droit pour légitimer mon obéissance ; et le mot de droit est contradictoire avec celui de force. Maître, crois-moi, que les despotes ne sortent pas de leur élément ; ils raisonnent toujours mal ; qu'ils se contentent de savoir frapper.

L'AMIRAL.

Je suis despote et je descends à raisonner avec toi. Dis - moi, sophiste présomptueux, lorsque je te pris, les armes à la main, sur le vaisseau de la Religion où tu faisais tes caravannes, ne pouvais-je pas, en vertu de ma victoire, faire tomber ta tête ? Je t'ai donné la vie, à condition que tu serais mon esclave. Voilà l'histoire de toutes les grandes Sociétés de la terre : l'épée des despotes pouvait mettre à mort les nations, et elles ont racheté leur vie par leur servitude : c'est la faiblesse qui a transigé avec la force, pour donner un droit au pouvoir et une moralité à l'obéissance.

LE CHEVALIER.

Ainsi donc, je t'ai conduit, malgré toi, au principe, que, sans un Pacte ou tacite ou formel, il n'y a aucun lien légitime entre toutes les parties du corps social : maître, voilà un aveu qui pourrait te coûter la tête dans Alger.

L'AMIRAL.

Alger que j'ai servie, et dont on me bannit, n'est plus rien pour moi : en entrant dans ce navire, je me suis fait Cosmopolite.

LE CHEVALIER.

Maître, pour l'être tout-à-fait, il faut que tu aies le courage de refaire le monde social, où les préjugés de ton éducation servile t'ont fait entrer. Crois-moi, les idées de guerre et de conquête sont postérieures

P 5

à la naissance des loix : il y avait un droit
parmi les hommes, avant qu'on songeât à
forger des épées : la tête et les membres du
corps politique avaient contracté ensemble,
avant l'avènement des Ninus et des Alexandre.

L'A m i r a l.

Le monde dont tu me parles est celui de
tes livres, et je ne connais que le monde
existant, où le fer est tout, et la philosophie rien.

L e C h e v a l i e r.

Je n'ai pas besoin d'interroger les livres ;
il me suffit de descendre dans le cœur humain, pour voir que l'ordre a dû précéder
le désordre, et les loix l'abus des loix. J'ignore comment le globe s'est peuplé, ou du
moins, je ne le sais que par les charlatans
sacrés qui me commandent la foi, ce qui
est la même chose que si je l'ignorais ; mais
je conçois très-bien que, du moment que
le genre humain fut trop nombreux pour
ne composer qu'une famille, la propriété

naquit, ce qui fit tourner le monde social
sur un axe nouveau : chaque individu, soit
de la branche aînée, soit des branches col-
latérales, ne pouvant dire : *ce champ que
je cultive est à moi*, sans alarmer une foule
d'ambitions rivales, fut obligé d'acheter leur
silence par un Pacte et des sacrifices : de
ce Pacte et de ces sacrifices sont nés les
gouvernemens : par le Pacte, on confia à un
chef l'exercice du pouvoir suprême, à condition qu'il protégerait toutes les propriétés :
les sacrifices furent ceux de chaque volonté
individuelle, pour en composer une volonté
générale, d'où résulterait la paix et le bonheur de tous. Voilà les vrais élémens de la
Société, quand on n'épouse aucun systéme,
quand on a une trop haute idée de l'excellence de sa généalogie, pour en aller chercher les titres dans les Vedams de l'Inde,
dans la Genese ou dans l'Alcoran. Encore
une fois, il n'existe point de puissance légitime, sans une transaction tacite ou for-
melle entre la tête et les membres du corps
politique; c'est en vertu de cet acte sacré,
passé sur l'autel de la nature, qu'il y a, dans
tous les États bien organisés, non un mo-

narque et des sujets., encore moins un maître
et des esclaves, mais un représentant de
la nation, et des citoyens : c'est lui qui a
fixé les limites entre les droits d'un peuple
assemblé, à qui appartient le pouvoir su-
prème, et les privilèges d'un chef qui n'est
que le dépositaire de ce pouvoir ; c'est par
lui que les grandes Sociétés sortent de tu-
tèle, et que l'homme ramené à sa hauteur
primordiale, peut dire qu'en obéissant au
Souverain, il n'obéit qu'à lui-même.

L'A M I R A L.

Ainsi, grace à ce Pacte Social de tes philosophes, il n'y aurait sur le globe aucun
Roi légitime.

L E   C H E V A L I E R.

Ils le sont tous, excepté les Rois absolus, qui n'existant que par eux et pour
eux, ne méritent pas qu'aucune autre existence les protége.

L'A M I R A L.

Mais, s'il est des peuples qui se sont donnés volontairement à un monarque absolu ?

Le Chevalier.

Un peuple ne peut pas plus aliéner sa liberté, que donner son existence.

L'Amiral.

Il le peut, puisqu'il y a des contrats forme's d'aliénation, tels que la Loi Royale de
Danemarck ?

Le Chevalier.

Un contrat, où une des parties donne tout
et l'autre rien, est nul par essence. Je ne
sais même si, en accordant un privilège absurde à un chef de Société, on ne lui ôte
pas celui qu'il tenait de sa nature; un despote qu'on a fait plus qu'homme, n'est pas
même un homme.

L'Amiral.

Qui suis-je donc à tes yeux, moi que personne n'a fait despote et qui suis le tien?

LE CHEVALIER.

Maître, commande et ne m'interroge pas.

L'AMIRAL.

Je t'entends. Ainsi tu ne tiens au joug que je t'impose, que jusqu'au moment où tu pourras le secouer.

LE CHEVALIER.

Écoute : n'est ce pas par le droit de la guerre que je suis ton esclave?

L'AMIRAL.

Oui, et cet aveu ne coûte rien à ma franchise.

LE CHEVALIER.

Mais si l'état de guerre subsiste encore entre nous?

L'AMIRAL.

Que parles-tu d'état de guerre? n'as-tu pas

capitulé avec moi, sur le vaisseau entr'ouvert où je te donnai la vie?

L e C h e v a l i e r.

Non : j'étais mourant à tes pieds. C'est
ton cimeterre qui a fait la capitulation, et
elle ne tient, que jusqu'à ce que je te dé-
sarme à mon tour.

L' A m i r a l.

Sophiste odieux......

L e C h e v a l i e r.

Maître, calme - toi : tu n'as pas fait va-
loir le seul droit qui légitime ton empire,
le droit des bienfaits. Je n'oublie pas que
tu as, dès l'origine, respecté mon infortune ; que tu n'as jamais exigé de moi un
service qui m'avilît ; que tu as cru à ma
probité, en me confiant le dépôt de ta vie.
Je répondrai à tant de générosité : je me
crois l'ame assez grande, pour veiller sur
tes jours comme sur ceux d'un père, pour ne
point rompre mes fers, jusqu'à ce que j'en

aye le droit, en te présentant ma rançon.
Si cet abandon de moi-même trouve grace
à tes yeux, ajoute un nouveau titre à ma
reconnaissance : laisse - moi respirer, de
tems en tems, avec ton disciple de Socrate,
et remonter ainsi les ressorts de mon intelligence, affaissés malgré tes soins, par
un long esclavage.

CHAPITRE VI.

DU PACTE SOCIAL.

L'ALGÉRIEN, sous l'enveloppe d'un Barbare, cachait une ame sensible et généreuse : il ne répondit point à son esclave ; mais le prenant par la main, il l'aida à monter sur le tillac : à peine les premières marches étaient-elles franchies, que le philosophe, sa fille et le Commodore s'offrirent à leurs yeux : appellés par le bruit d'un entretien aussi agité, ils étaient accourus avec précipitation, avaient écouté la discussion moitié sauvage, moitié philosophique du Malthais et de l'Africain, et ne crurent pas devoir le dissimuler. Amiral, dit le Sage, vous êtes digne d'entendre, même une vérité qui vous offense : venez éclairer de vos doutes les premières pages de ma République.

L'équipage était encore sur le tillac,

gardant un long silence , et dans l'attente de
quelqu'évènement. Le philosophe introdui-
sit au milieu du cercle l'Algérien , se plaça
lui même entre sa fille et l'esclave , et dit ,
en montrant ce dernier : mes amis , vous
voyez un homme libre , que la servitude
a formé : son ame ne se serait point élevée à une grande hauteur, si elle n'avait été
froissée par une longue infortune : voici ses
idées sur le Pacte Social ; elles sont dignes
de Socrate , et les miennes n'en seront que
le développement.

Jusqu'à ce moment , personne ne s'était
occupé du nouvel Epictète ; la vanité vulgaire aurait été blessée de descendre jusqu'à converser avec un esclave ; mais le mot
du philosophe excitant la curiosité , on se
mit à l'envisager avec quelqu'attention ; il
joignait à une taille svelte des traits fins et
des formes arrondies , qui trahissaient son
adolescence ; sa chevelure tombait en ondes
naturelles sur son visage ; son front , lé-
gèrement flétri par le chagrin , ses beaux
yeux , qui ne s'onvraient que pour que la
honte vînt aussitôt les fermer , inspiraient

une espèce d'intérêt vague qu'il était difficile de définir. L'équipage entier voyait tout
cela ; Eponine seule, concentrée dans ses
propres pensées, croyait ne point s'en appercevoir.

Savez-vous, mes amis, dit le Sage, pourquoi, lorsque la raison a été tant de fois sur
le trône, la terre est toujours restée esclave?
c'est que rarement les philosophes couronnés ont eu le tact moral: ce tact, qui est
dans la science de l'économie sociale, ce
qu'est le goût dans l'étude des arts, qui
semble agir en inspirant, comme le Génie
de Socrate.

D'antiques Législateurs, et, à leur exemple, les beaux génies dont l'Europe moderne
s'honore, Hobbes, Helvétius et l'auteur
d'Emile sont partis d'un état imaginaire de
barbarie, pour expliquer la théorie de la
civilisation : c'était un rideau, qu'ils met-
taient devant nos yeux, pour nous empêcher de discerner le spectacle de l'organisation du monde social.

Je voudrais bien savoir, ainsi que je l'ai

dit à plusieurs Sages, ce qu'on entend par cet homme sauvage qui a précédé l'homme civilisé, et qu'on décore avec tant de faste du titre d'homme de la nature ?

Y a t-il eu un tems, dans la nuit des ages primitifs, où les hommes, bornés aux besoins physiques, vécurent de glands, dans les vastes forêts que leurs mains ne savaient pas défricher, ne se vétissant que de leur innocence, se rassemblant sans se connaître, et jouissant sans aimer ?

Il me semble que l'homme, en ouvrant les yeux à la lumière, a des rapports avec ce qui l'environne : il doit avoir un père qui le protége et une mère qui l'allaite de son sein. Si ces êtres bienfaisans suivent la pente de leur cœur, l'enfant est lié par le Pacte Social ; s'ils l'abandonnent, il meurt, et il n'y a point d'état de nature.

Nous ne sommes plus dans un tems, où la raison soit condamnée à croire que l'homme naquit, il y a environ soixante siècles, d'un peu d'argile pétri par la main de Jéhovah

et

et de Prométhée, ou de pierres jetées en l'air, après le déluge de Deucalion. L'histoire physique du globe, le seul monument, qui puisse remplacer à nos yeux la perte de son histoire écrite, nous apprend que, dès que sa surface a pu se couvrir de végétaux, l'homme qui s'en nourrit a pu y exister : cette époque est inaccessible à notre petite et faible chronologie ; et quand Buffon, le Pline de la France, l'a fixée, il y a quarante mille ans, il ne fallait pas l'accuser d'audace, mais de pusillanimité.

Jamais nous ne pourrons atteindre, que par des calculs de probabilité, le premier Pacte Social de ces ages primordiaux ; mais la probabilité est pour nous la seule vérité des tems qui se dérobent à l'histoire : cherchons ensemble, à l'aide de ce flambeau à demi éteint, la route qui doit nous conduire à l'origine de toutes les législations.

Avant que l'age et le malheur vinssent blanchir mes cheveux, je m'occupai long-tems de l'histoire physique de ce globe ; à force de réfléchir sur le parallélisme des couches

des montagnes, sur les amas de coquillages
répandus dans leur sein et sur leur surface,
je reconnus que l'océan avait surpassé autrefois les Pics inaccessibles du Caucase,
de l'Atlas et des Cordilières : j'en conclus
que le genre humain, d'abord resserré dans
les îles, formées par les hauteurs primitives
de nos continens, avait peu à peu suivi les
mers à la trace de leur retraite, et qu'il n'a-
vait pu, qu'après des myriades de siècles,
établir sa vaste monarchie dans nos trois
mondes.

Cette base de mon Évangile de la raison
une fois posée, je découvris le fil d'Ariane,
qui devait me guider dans le labyrinthe des
Sociétés primordiales.

S'il est vrai, comme l'indiquent l'élévation
du sol de l'Asie, la beauté de son ciel et les
débris des antiques traditions orientales, que
le Caucase fut le berceau du genre humain,
c'est là qu'il faut chercher l'origine de ce
droit de propriété, que je regarde comme la
première pierre de l'édifice social : or, tant
que les familles primitives, circonscrites

dans l'enceinte de cette montagne-mère, se
contentèrent, pour leur nourriture, des
fruits que la terre, neuve encore, leur four-
nissait en abondance, ne connaissant pas
l'aiguillon du besoin, elles restèrent dans
l'inertie : ce fut la population, qui les força
à cultiver cette terre qui ne répondait pas
à leur attente ; alors chaque individu put
dire : ce champ, qui porte l'empreinte de
mon travail, est à moi : de ce mot, prononcé par l'audace et recueilli par la ter-
reur, naquit la propriété, et, par contre coup,
l'industrie, les arts et les gouvernemens.

Cette théorie indique le néant des systèmes, où un monde sauvage devient le germe d'un monde civilisé ; il est évident qu'il
ne peut exister des êtres intelligens, bornés
au seul instinct de vivre et de se propager,
dans une île peu étendue, où la nature d'ailleurs déploye toutes ses richesses et sa fécondité. Les hommes se rapprochent nécessairement, quand, malgré leur population,
ils n'habitent qu'une contrée resserrée par
les eaux. C'est lorsque la terre libre s'offre
d'elle-même à leur empire, qu'à force d'er-

Q 2

rer dans ses déserts immenses, ils peuvent perdre la trace de leur civilisation, et devenir aussi sauvages, que le lieu inculte qu'ils ont choisi pour leur demeure.

L'homme circonscrit dans les hautes Chaînes du Caucase, devint d'autant plus aisément un être social, que la nature, à cette époque, avait toute la vigueur de son adolescence; comme l'atmosphère où il respirait était, pour ainsi dire, imprégnée de principes de vie, son intelligence se déployait, en raison de l'énergie de ses organes; et bien loin que les individus de cet age fortuné fussent des enfans relativement à nous, malgré nos lumières philosophiques et notre orgueil, nos hommes faits ne sont, auprès d'eux, que des enfans.

J'appuie beaucoup, mes amis, sur ces élémens de ma République, parce qu'il importe à la tranquillite du globe, que le paradoxe d'un état de guerre antérieur aux institutions sociales, ne prévale pas; songez que si le droit de l'épée était reconnu pour le droit de la nature, tous les brigands couronnés qui nous gouvernent seraient en droit de la tirer sans cesse, pour remonter les ressorts affaissés des gouvernemens : songez que des manifestes de Souverains, réunis aux livres des Hobbes et des Machiavel, feraient de la terre une vaste arène de gladiateurs, consacrée au génie de la destruction et à la mort.

Le genre humain, issu d'une famille primordiale, vécut donc en paix, jusqu'à ce que les progrès de la population fissent naître la propriété, et avec elle les besoins factices qui dérivent du succès de l'industrie : ce sont ces besoins factices qui secouent notre entendement ; eux seuls nous apprennent l'usage de nos organes, nous en créent de nouveaux, et doublent par-là les forces de notre intelligence.

A la naissance de la propriété, les volontés de chaque chef de famille, ainsi que leurs intérêts, se divisèrent ; on sentit bientôt, qu'au milieu de ce conflit de droits et d'opinions, il était nécessaire qu'une raison supérieure prononçât ; cette raison se trouvait

Q 3

naturellement dans l'expression de la volonté générale, qui rectifierait les erreurs
des volontés individuelles : alors naquit le
gouvernement. Un homme fut nommé pour
interpréter cette volonté générale, et cet
homme fut Roi.

Distinguons bien toutes les époques de
cette espèce de fédération, si nous voulons
avoir des idées saines sur la nature du Pacte
Social.

La première convention des pères de famille fut de faire le sacrifice de leur force
personnelle, pour en constituer une force
publique, destinée à les protéger.

Mais cette force publique n'eût été qu'un
vain phantôme, sans le mobile qui la dirige :
il fallait donc la déposer entre des mains
pures, qui pussent en garantir l'usage; voilà
la seconde convention que le besoin des institutions sociales indiqua aux Sages primitifs.

Enfin, il dût être stipulé, en armant un
homme de la force de tous, que cette force

ne se déployerait, que pour assurer l'indépendance du Souverain et la tranquillité du
chef qui le représente.

C'est en liant le premier gouvernement
de cette triple chaîne, que les pères du
genre humain fondèrent le Pacte Social.

Quand même ce Pacte n'aurait jamais été
stipulé formellement, il n'en est pas moins
la base de tous les Codes des nations civi-
lisées ; il dérive de la nature même de
l'homme, de la hauteur de son origine,
de la puissance de son entendement : je le
trouve gravé dans le cœur de tout ce qui
est digne de s'apprécier ; ce qui vaut encore
mieux que d'être écrit sur douze Tables d'airain, à la tête d'une Bulle d'or, ou dans les
Livres des philosophes.

Une seule classe de détracteurs peut at-
taquer cette théorie ; ce sont ceux qui,
grace à des sophismes de cour, ou aux dogmes d'une religion d'esclaves, ne croyent
pas l'homme fait pour l'indépendance.

Je me félicite de n'avoir point à parler

devant un Divan ou dans les chapelles ardentes des Inquisiteurs, et ma franchise ici
n'offensera personne. Oui, l'homme est libre ; sa pensée indépendante s'élève au-dessus des chaînes de l'opinion et des entraves
des mauvaises loix. Voilà le cri de la nature ; il ne saurait être étouffé ni par les
poignards des tyrans, ni par les sophismes
de l'apôtre de l'esclavage.

Seulement on peut dire, avec justice, que
l'homme libre de droit, ne l'est de fait que
du moment où il peut se suffire à lui-même :
c'est dans l'age qui succède à son adolescence, c'est lorsque toutes les portes du
monde moral s'ouvrent devant lui, qu'il
peut y entrer, armé de toute son indépendance. Que lui servirait au reste d'être libre, lorsque son intelligence est encore en-
veloppée des langes du berceau, ou lorsqu'elle n'habite plus que les ruines de la dé-
crépitude ?

Puisque l'être intelligent, quand il est
dans l'enfance, ou que l'hiver des ans l'y fait
retomber, ne peut marcher dans la carrière

de la vie, sans s'exposer à faire des chû-
tes, il faut bien que la Société forme, avec
la loi, les lisières qui le retiennent; mais
le sophiste n'en doit rien conclure contre
le principe de notre liberté originelle; il
est aisé de voir. que l'homme au berceau
n'est pas encore un homme, et que celui
qui survit au dépérissement de ses organes,
a cessé de l'être.

Il ne reste, à la philosophie, d'objection
spécieuse contre la liberté, que celle qui
l'attaque dans le passage de l'homme, de
l'état naturel à l'état civil. En effet, nous
avons vu qu'on ne peut adhérer au Pacte
Social, sans circonscrire l'usage de sa force,
sans s'imposer le devoir d'obéir à des loix
et sans aliéner sa volonté ; mais cet abandon de ses facultés entre les mains de
l'Etat, n'est qu'une dépendance illusoire : il
ne faut pas oublier que l'homme, qui se crée
une patrie, étant nécessairement membre
du Souverain, n'obéit réellement qu'à lui-
même ; en fondant une volonté publique, il
ne perd pas la sienne, il ne fait que la ré-
gler ; en cédant à la loi qui le protège, il

arme des millions de bras pour assurer son
indépendance.

Si l'homme est essentiellement libre, tout
Pacte Social, qui attente à son indépendance, est par-là frappé de nullité.

Si la réunion de toutes les libertés individuelles, pour la sauve-garde de la liberté
publique, forme le vrai caractère de la Souveraineté, tout Pacte Social qui transporte
à un individu ou à un corps le pouvoir suprême en propriété, anéantit la patrie.

Si des limites éternelles séparent le Souverain de son représentant, un roi, un sénat de nobles ou un conseil populaire, qui
disposent de la force publique, au gré des
loix, qu'ils osent eux-mêmes créer, ne gouvernent pas leur nation, ils conspirent contre elle.

Ainsi, à ne consulter qu'une théorie sévère, il n'y a de Souverain légitime, dans
les trois mondes, que les peuples légalement assemblés.

Une nation ne pouvant pas plus aliéner sa Souveraineté, que l'homme individuel l'usage de ses organes, s'il en était qui se fussent ainsi condamnées à une éternelle minorité, par ce seul acte de démence, l'Etat serait dissous, et le corps politique anéanti.

Tout représentant des nations qui se fait Souverain, annulle le Pacte Social, et remet les hommes qu'il gouverne dans l'indépendance de la nature.

Tels sont, à ne consulter que la raison la plus austère, les pivots sur lesquels tourne le monde social. Quand on veut que le genre humain respire en paix, à l'ombre des institutions qu'il se donne, il faut engréner à ces pivots toutes les législations.

CHAPITRE VII.

Du Mode Philosophique des Régénérations.

Maintenant, mes amis, ajouta le philosophe, que la vérité est assise d'une manière ferme sur sa base, je vais la couvrir un moment d'un voile : je n'ai peut-être que trop semé, dans des imaginations inquiètes, des germes de dissentions et de ruines; c'est à mon ame désormais à s'entretenir avec la vôtre. Tant que vous ne serez pas tout-à-fait initiés dans les mystères de ma doctrine, j'ai besoin d'expier à vos yeux, par les épanchemens de l'homme de paix, le crime d'être trop long-tems philosophe.

Je vous ai entretenu d'abord d'un monde bien organisé, reposant sur une législation douce, et ne se développant qu'avec le Pacte Social ; mais il s'en faut bien que cet

amas informe d'États, qui couvrent nos continens, conserve beaucoup de traces de son
origine ; si des Sages ont créé les Codes
primitifs de l'Orient, ce sont des barbares
qui les ont commentés ; ce qui est la même
chose que les détruire.

Aujourd'hui la raison de l'épée a presque partout remplacé la raison des loix ;
les monarchies, formées de masses incohérentes, s'épuisent en s'agitant dans la main
des despotes, et l'homme de la nature détrôné, mais toujours fier et grand, semble
Marius assis sur les ruines de Carthage.

Quel parti reste-t-il à prendre à l'homme
vertueux qui, tourmenté du desir sublime
de voir la terre heureuse, voudrait ramener le Pacte Social à ses principes, et lier,
par un nœud indissoluble, la loi, les mœurs
et la religion ?

Ira-t-il au château de Constantinople,
bravant le cordon des muets ou l'épée des
janissaires, publier que qui croit à l'Évangile sanglant de Mahomet est l'ennemi du

ciel, et que qui se laisse protéger par le despotisme du Grand-Seigneur, est l'ennemi des hommes ?

Ira-t-il', dans le camp de Belgrade, annoncer à l'empereur Joseph, que la guerre de convenance qu'il fait aux Ottomans, est un crime de lèze-nation ; que la philosophie dont il s'honore ne consiste pas à sacrifier cent mille de ses sujets pour égorger un million d'hommes, et que des invasions désastreuses pour les deux partis ne donnent aucun titre à la gloire, parce que Genseric et Attila ne sont pas de grands hommes ?

Ira-t-il enfin dans cette France, que la nature créa en vain pour être la première des monarchies, tonner au milieu de Versailles contre le despotisme ministériel, qui rend les mœurs viles, et contre l'intolérance religieuse qui les rend atroces ? Sa voix, fût-elle aussi véhémente que celle de Démosthène, donnera-t-elle un gouvernement à une nation généreuse qui n'en a point ? paralysera-t-elle la main des Visirs inhabile à tout, excepté à signer des lettres-de-cachet? Ensevelira-t-elle, au sein de la terre, les donjons de Vincennes et les cachots de la Bastille?

La vertu, mes amis, ne consiste pas à armer inutilement les passions des hommes contre elle; elle est calme comme le ciel dont elle émane; elle ne met pas la vérité dans l'oubli, mais aussi elle n'en dispose les germes que dans les terreins qui sont propres à la fécondité.

Assurément le Dieu, que prêchait Polyeucte, donnait une plus haute idée de l'ordonnateur des mondes, que le féroce Saturne, qui mutila son père, Vénus, Mylitta, Cottyto, et toutes ces divinités obscènes, dont la fille d'une Lucrèce ne pouvait prononcer le nom, sans perdre sa virginité; mais le saint enthousiasme qui le porta à renverser, au péril de sa vie, des autels que sa patrie avait érigés, n'en méritait pas moins le titre de démence, et la palme du martyre ne le sauvait pas, aux yeux de l'homme de bien, de l'opprobre du suicide.

- Il est utile au monde que le pouvoir absolu, qui renverse tout, trouve quelquefois
l'audace généreuse d'un grand homme sur
son passage ; mais qu'ont fait à Rome asservie par des tyrans, les dévouemens inutiles
des Caton et des Thraséas ? A t-elle pu se
consoler d'être le patrimoine des Tibère et
des Néron, par le spectacle d'une grandeur
d'ame qui n'apprenait qu'à mourir ?

La raison sublime qui a fait le pacte pri-
mordial, n'éprouve que les sacrifices dont
il résulte le bien d'une génération. On n'a
point le droit de régénérer sa patrie d'une
main faible et énervée ; et Curtius ne doit
se précipiter dans l'abîme que quand il est
sûr de le refermer.

Des hommes à imagination ardente vous
diront quelquefois que presque tous les cultes des trois mondes étant faux, la raison
doit les extirper ; que les gouvernemens
n'étant presque par-tout qu'un machiavélisme déguisé, il faut les dissoudre ; que
les loix ne reposant que sur des bases absurdes, il faut les anéantir.

No

Ne croyez point, je vous conjure, ces amis du sang et des ruines, qui ne connaissent de l'art de la guerre, que le moment où il faut se précipiter sur un champ de bataille ; qui ne parlent du bien qu'il faut opérer, que la fureur dans la bouche, et qui, s'ils avaient le pouvoir en main, feraient un Autodafé de Prêtres, et une Saint Barthélemy de Rois.

Voilà les hommes vraiment dangereux, sur-tout dans un État qui se régénère. Ils reculent encore plus une révolution heureuse, que l'être sans patrie, par sa fougueuse impuissance. En ôtant tout frein à un peuple condamné, par sa nature, à ne jamais se guider lui-même, ils apprennent au civisme timide à calomnier la philosophie et la vertu.

J'ai quarante ans étudié en silence l'organisation actuelle du monde moral ; et quoiqu'il me semble encore enseveli dans la nuit du cahos, je n'en suis pas moins convaincu, qu'il n'est presqu'aucun point

sur le globe, où le Sage ne puisse reposer
sa tête.

Presque tous les cultes faits par l'homme
sont intolérans , mais ils ne me disent pas,
que l'obéissance à un père soit un crime ;
que l'instinct sacré qui me porte à faire le
bonheur d'une épouse , soit un préjugé ;
que ma sensibilité pour l'infortune vertueuse soit une antique erreur : ainsi je me
console de la tyrannie des religions , en me
réfugiant dans le sein de la morale.

Les gouvernemens absolus sont le fléau
de tout ce qui les entoure ; mais pour m'y
dérober , il me suffit de ne pas respirer
dans l'atmosphère des Sultans , et sur-tout
de leurs Visirs. Remarquez l'Empire Ottoman ; pendant qu'au Palais du Grand-Seigneur, le Divan fait couper des têtes, que
les eunuques se disputent , le cimeterre
en main , l'empire du Serrail , que les frè-
res du Souverain, le détrônent pour être ensuite détrônés à leur tour , le calme le plus
profond règne dans Constantinople ; la rai-

son tranquille y est aussi respectée que dans la Cour de Marc-Aurèle. Il semble que le despotisme ne soit terrible que dans le petit foyer d'activité où il est circonscrit. C'est l'Etna, qui promène ses laves brûlantes autour de son cratère, tandis que la paix règne dans le reste de la Sicile.

Presque toutes les législations de l'Europe pèsent sur elle ; mais d'ordinaire, auprès du torrent, est la digue qui le retient. Dans les grandes monarchies, les loix absurdes deviennent impuissantes, parce qu'elles se trouvent à côté des mœurs. J'aime beaucoup à citer la France ; son peuple est si doux ! Son siècle de lumières a une si heureuse influence ! Sa frivolité trahit si bien son grand caractère ! Eh bien ! quoique Louis XIV eût acheté par ses victoires le droit d'être le Sultan de ses États, a-t-il étendu son sceptre d'airain hors de l'enceinte de ses Palais ?

Sans Louvois, qui empoisonna sa politique, et le Jésuite le Tellier, qui égara sa conscience, jamais son règne n'eût été

souillé par la guerre de Hollande, par l'incendie du Palatinat, et par l'attentat des
Dragonnades ; ce Prince prononçait quelquefois le mot de nation, ce mot si neuf,
ou du moins si vague dans la langue du
despotisme ; et quand ses Poëtes de Cour
lui disaient qu'il avait droit de tout oser,
l'opinion, plus souveraine que lui, le re-
poussait de son trône, et opposait la loi de
la nature, à la honte de ses édits et au crime
de ses manifestes.

Louis XV, aussi absolu de droit que son
prédécesseur, ne put jamais l'être de fait ;
le cri public limitait toujours l'étendue de
ses impôts insolens ; il cassait les Parle-
mens, sans s'en faire obéir ; il chargeait un
la Vrillière de titres et de Cordons, quand
le public le chargeait d'opprobre ; il publiait des arrêts de mort contre les penseurs, et on imprimait dans sa Capitale,
l'Esprit, l'histoire des deux Indes, l'Emile
et le Contrat Social.

Quelque contrée du globe que j'habite,
si j'ai la sagesse de vivre obscur, si je me

renferme dans la morale de la nature, si je ne porte pas près du trône et aux autels, un front perturbateur, je suis sûr que dés loix, bonnes ou mauvaises, me protégeront; ennemi né de l'intolérance, je vivrais à Goa, sans aduler le Saint-Office; portant le genre humain dans mon cœur, j'habiterais avec des Cannibales, sans être puni de n'être pas antropophage.

L'homme n'a donc pas la perversité, qu'indique la nullité de son ordre social; il a adopté des cultes de sang, et un dieu de paix lui reste; ses législations sont sans bases, et il respire sans remords, sous leur sauve-garde.

Je desirerais par conséquent, que les propagateurs de ma République, sous prétexte d'amener l'ordre général des mondes, ne troublassent pas, sans espoir de succès, l'ordre factice des Sociétés, et que la philosophie fût sans fanatisme, comme elle a toujours été sans faiblesse.

En attendant, le genre humain, grace au progrès insensible des lumières, marche

R 5

avec lenteur, il est vrai, mais à pas sûrs, vers sa régénération ; si c'est la raison seule qui fait sa conquête, il arrivera au but sans convulsions et sans secousse ; on ne sera pas obligé de profaner la cause auguste de la vérité, en lui donnant l'appui des fac-tions ; et la terre, comme un fleuve qui retrouve son lit, rentrera d'elle-même dans le sein de la nature.

Combien je desirerais, que les hommes de bien de tous les cultes et de tous les gou-vernemens, se réunissent, pour accélérer l'époque de cette révolution auguste, et sur-tout pour l'accélérer sans crime ! On trompe l'Europe, quand on lui dit, que c'est avec le fer qu'on lui donnera un âge d'or : des instrumens de meurtre et de destruc-tion feraient rougir la raison de son triom-phe ; c'est le Contrat Social à la main, et non avec des bayonnettes, qu'il faut renver-ser les trônes absolus ; c'est le livre de la Tolérance qui doit servir de manifeste con-tre le sacerdoce, lorsqu'on voudra écarter le fléau des Croisades, et éteindre, dans Co-nimbre et dans Goa, la flamme des bûchers.

Un autre ouvrage philosophique manque à ce beau siècle de lumières, pour préparer la régénération universelle, sans qu'il en coûte à la génération qui l'operera. C'est celui où un Sage tracera, à tous les hommes vertueux qui la desirent, la chaîne de leurs devoirs; où il indiquera le moment où Brutus doit cesser de dormir; où il établira une ligne de démarcation entre une révolte coupable et une insurrection généreuse; où, suppléant au silence coupable des législateurs.... Mais je ne puis me faire entendre, que quand je vous aurai développé ma théorie des trois morales.

CHAPITRE VIII.

DE L'ANNEAU DE GYGÈS.

TOUTE cette théorie sur le Pacte Social et sur le mode des régénérations, est austère sans doute ; cependant, mes amis, vous m'avez encouragé par le plus flatteur des silences ; à peine aurais-je pu l'espérer dans l Portique d'Athènes , quand même je n'aurais eu pour auditeurs que des Zenon et des Anaxagore. Il est tems maintenant d'imiter un des élèves de Socrate, et de sacrifier aux Graces. Les Graces ne sont pas inconnues sur ce navire ; j'en vois plus d'une qui daigne sourire à ma philosophie. Puissent les contes de mon hiver ne point effaroucher leur printems ! Au reste, l'hommage que je leur rends , tout pur qu'il est , sera le dernier qui échappera à ma vieillesse.

Il y a beaucoup de fables, dans la plus

ancienne des histoires que le tems ait res-
pectées, dans celle d'Hérodote. Les Grecs,
dont la belle imagination se plut à créer
jusqu'à leurs dieux, aimaient à la rencon-
trer dans leurs annales; ils lisaient, avec le
plus grand intérêt, les neuf Muses de leur
premier historien, malgré ses fables, et
peut-être à cause de ses fables.

Parmi les contes historiques d'Hérodote,
celui de l'anneau de Gygès, commenté par
un disciple de Socrate, a fait la plus grande fortune. Grace à l'esprit qu'on y voit
étinceler, des Poëtes y ont rencontré le
cadre de quelques pièces de théâtre, et
des philosophes celui de plusieurs dialogues; mais ce que tout le monde ignore,
c'est que l'historien, et le philosophe son
interprète, qui tous deux avaient emprunté
l'idée primitive de l'anneau de Gygès, d'un
fragment inconnu de Pherécyde, l'ont to-
talement dénaturé, en l'insérant dans leurs
ouvrages. Voici la fiction originale, telle
que je l'ai rencontrée parmi les ruines d'un
antique tombeau du Péloponèse; vous serez bien surpris de voir, que Pherécyde n'a

voulu que couvrir du voile de l'allégorie,
quelques vérités hardies sur le Pacte Social.

« Il n'y avait encore que vingt-cinq mille
» ans que le globe était peuplé, et les na-
» tions, sorties originairement des hau-
» teurs du Caucase, en suivant l'océan à
» la trace de sa retraite, étaient parvenues
» jusqu'à la grande Péninsule de l'Asie-
» Mineure. Les tremblemens de terre, à
» cette époque, étaient très-fréquens, parce
» que le feu interne, qui tourmentait les
» entrailles de la terre, s'échappait par un
» trop petit nombre de volcans ; on bâtis-
» sait donc très-peu de grands édifices ; le
» citoyen paisible, qui s'y couchait le soir,
» pouvant être enseveli le matin sous leurs
» décombres. Les villes étaient des amas
» de tentes, et c'était en campant que les
» Rois apprenaient à gouverner.

» Gygès, le vertueux Gygès, venait de
» donner des loix à la Lydie : loix qui,
» n'ayant pas pour base une fédération d'in-
» térêts, entre le monarque et les peuples,

» se corrompaient jusques dans leur ger-
» me. Un jour que le Sage, inquiet des
» troubles de son pays, laissait un libre
» cours à ses sinistres rêveries, la terre
« trembla sous ses pas, et vomit au loin
» des tronçons de colonnes et des décom-
» bres d'anciens tombeaux. Quand la na-
» ture fut plus tranquille, et que son es-
» prit put en partager la sérénité, il dé-
» couvrit, en parcourant ces ruines, la
» moitié d'un colosse d'airain, construit
» en forme de cheval, et aux flancs duquel
» était une porte. Sa curiosité le presse
» encore plus vivement ; la porte s'ouvre,
» et il apperçoit un cadavre parfaitement
» nud, qui semblait, par sa taille, avoir
» appartenu à un être supérieur aux hom-
» mes. Le squelette avait au doigt un an-
» neau d'or, enrichi de diamans, dont la
» lame intérieure portait cette inscription
» en caractères primitifs : *J'ai servi à or-*
» *ganiser le monde.* L'énigme lui parut
» inexplicable ; mais, pour y rêver plus à
» son aise, il emporta l'anneau.

» Sur le point de rentrer dans la ville

» qu'il habitait, il apperçut ses concitoyens
» en alarmes, à cause de la secousse ter-
» rible que les plaines voisines venaient
» d'essuyer ; déja il commençait à les ras-
» surer par ses discours, quand, ayant
» tourné par hazard le chaton de sa ba-
» gue de diamans, dans l'intérieur de sa
» main, il reconnut qu'il était devenu in-
» visible. *Où est notre législateur*, disait
» l'un ; *sans doute*, disait l'autre, *un nou-*
» *vel abîme s'est entr'ouvert pour l'englou-*
» *tir ; non, non*, assurait un troisième,
» *Gygès avait de la vertu, et il est devenu*
» *dieu.* Comme, quand il s'agit de mer-
» veilles, la plus extravagante est toujours
» celle qu'adopte la multitude, l'opinion
» du dernier fut bientôt l'avis général, et
» le peuple répéta, à l'unanimité : *adorons*
» *Gygès, qui est devenu dieu.*

» Gygès retourna son anneau ; alors le
» charme cessa, et le dieu redevint homme.

» Tout le monde raisonna beaucoup sur
» cet évenement ; le Sage sur-tout, qui con-
» naissant le secret de son talisman, était

» plus près que personne de la solution du
» problême.

» Je soupçonne , dit Gygès en lui-même ,
» que cet anneau a appartenu à un légis-
» lateur ; il a eu besoin de se rendre sou-
» vent invisible, pour appercevoir, sans être
» assiégé de regards hypocrites, le jeu ca-
» ché de ses loix ; il a eu besoin de deve-
» nir dieu , pour que la vanité des peuples
» pardonnât à un homme d'avoir créé le
» bonheur des hommes.

» Il n'y avait rien de si versatile que les
» loix de la Lydie. Gygès pressentit , que,
» pour leur donner quelque stabilité , sa
» vertu serait peut-être contrainte de se
» voiler d'un peu de charlatanisme , et il
» garda pour lui sa découverte et son an-
» neau.

» Le lendemain , à la pointe du jour , il
» se présenta chez le grand prêtre de Cy-
» bèle ; mais l'esclave lui dit que son maî-
» tre n'était pas visible , parce qu'il était,
» en ce moment, en grande conférence avec

» la divinité, dont il était le ministre. Le
» Sage soupçonnait, depuis long-tems, la
» vertu du pontife. Pour éclaircir ses dou-
» tes, il se rend invisible, et pénètre dans
» l'intérieur de l'appartement. L'homme de
» Dieu dormait en effet, mais d'un som-
» meil qui n'avait rien de paisible, à côté
» d'une jeune Lydienne, qu'il avait cor-
» rompue presqu'au pied des autels. Gygès
» était venu pour éclairer l'imposteur, et
» non pour le confondre. Il sortit, sans être
» apperçu, et alla attendre son prêtre sacri-
» lège dans le temple, où il devait offrir,
» ce matin même, un grand sacrifice.

» Législateur, dit le pontife, en l'apper-
» cevant dans le parvis; pardonnez, si vous
» me voyez les yeux éteints et le visage
» livide. J'ai veillé toute la nuit avec Cy-
» bèle, qui a honoré ce temple de sa pré-
» sence ; cette Cybèle, dont votre Code
» consacre le culte, est une puissante di-
» vinité ; elle m'a manifesté le grand se-
» cret de donner l'éternité à notre fragile
» gouvernement : c'est de mettre le trône
» dans la dépendance des autels.

» Gygès s'attendait à tant d'hypocrisie,
» mais il n'en fut pas moins révolté; dans
» les divers mouvemens qui lui échappè-
» rent pour composer son visage, le cha-
» ton de sa bague se tourna par hazard
» vis-à-vis du cœur du pontife. Alors celui-
» ci tint un autre langage.

» Ils étaient bien insensés les législateurs,
» qui mirent le sceptre au-dessous de l'en-
» censoir ! Ils ne prévoyaient pas que le sa-
» cerdoce, comme le lierre malfaisant, ne
» décorerait les murs de l'édifice social que
» pour le détruire.

» Gygès ne tarda pas à s'appercevoir de
» la propriété la plus merveilleuse de son
» anneau, de celle de forcer l'homme le
» plus dissimulé à démentir sa bouche, en
» parlant la langue de son cœur. Pour s'as-
» surer encore plus du prodige, il tenta de
» nouvelles expériences.

» Le bague changea de direction, et le
» prêtre revenu à son état naturel, à l'hy-
» pocrisie, dit, en s'adressant à la statue
» de Cybèle :

» Tu sais, puissante Immortelle, com-
» bien ton culte m'est cher ; la continence
» qu'exige la pureté de mon ministère, est
» pénible sans doute, mais en m'isolant
» ainsi de la Société, j'apprends mieux à la
» connaître ; en ne lui tenant point par les
» passions, j'y établis ma supériorité ; si je
» fais divorce avec la nature, c'est pour me
» donner le droit de gouverner les hommes.

» L'anneau, en ce moment, était en regard
» avec le cœur du pontife sacrilège, et il
» en sortit ce pénible aveu :

» Gygès m'a donc cru au temple, con-
» versant avec une Divinité, l'ouvrage de
» mes mains ! Que les Sages sont crédules !
» J'ai passé la nuit dans les bras d'une des
» Graces ; avec quelle volupté ma main pé-
» trit ce cœur ingénu, né à la fois pour
» les faiblesses de l'amour et pour celles
» de la crédulité : qui aujourd'hui s'ouvre
» à la voix éclatante du plaisir, et demain,
» dans le silence de mes sens, parlera, au
» gré de ma politique, la langue enigmati-
» que des oracles !

» Gygès

» Gygès craignait de prolonger des aveux
» qui le faisaient rougir, et il se hâta de
» suspendre la vertu de son talisman.

» Il faut aux peuples, ajouta le pontife,
» un culte exclusif, des dogmes qui écra-
» sent leur imagination, un appareil ma-
» gnifique de prophéties et d'oracles. Eh !
» de quel droit la philosophie voudrait-elle
» opposer à cette religion brillante, qui parle
» aux sens, celle de la nature qui ne parle
» qu'au cœur ? Est-ce à la raison à circons-
» crire la toute-puissance ? Qu'est-ce que
» l'opinion humaine, en regard avec la voix
» du ciel, qui s'annonce au bruit du ton-
» nerre ?

» L'anneau, tourné du côté du cœur sa-
» cerdotal, sauva au philosophe le danger
» d'une réponse.

» Sans doute, dit l'imposteur sacré, il
» faut lier la terre avec le ciel par l'inter-
» mède d'un culte ; mais c'est au Souve-
» rain, c'est-à-dire au peuple assemblé, à
» construire le ciment. Si la religion de la

Tome I. S

» nature est un Pacte Social entre Dieu et
» l'homme, et que par conséquent elle doive
» rester inaccessible à tous les regards, la
» religion sociale, toute en appareil exté-
» rieur et en cérémonies, est un Pacte pu-
» blic entre l'homme individuel et l'homme
» rassemblé en corps de nation, et la loi
» doit la surveiller. Tout dogme, contraire
» à ce principe des sages gouvernemens,
» est un blasphéme du sacerdoce.

» Gygès, bien convaincu de la fourberie
» du prêtre de Cybèle, attendit que son
» siècle fût plus éclairé, pour le démasquer
» sans danger aux yeux de la multitude,
» et s'en alla au Palais des Rois de Lydie,
» faire, sur un cœur qui lui était bien cher,
» l'expériehce de son anneau.

» Candaule régnait alors. Porté sur le
» trône, au sortir du berceau, et appellé
» Dieu par ses flatteurs, il ne se ressouve-
» nait d'aucune époque de sa vie, où il eût
» été homme ; aussi regardait il, malgré le
» Code de Gygès, son État comme son patri-
» moine. Toute femme, qui parlait à ses

» sens, était forcée d'entrer dans son Ser-
» rail ; tout sujet qui lui résistait était en-
» voyé au supplice.

» La Favorite du tyran, depuis quelques
» jours, était Zulmé, la beauté la plus par-
» faite de l'Asie ; elle aimait en secret Gy-
» gès, dont elle avait été la pupille : Gygès
» qui, pendant que ses charmes se déve-
» loppaient en silence sous ses yeux, avait
» eu la délicatesse de ne profiter de son
» ascendant, que pour former son cœur à
» la sagesse. Quant à Candaule, qui ne
» savait jouir d'une femme vertueuse que
» le poignard à la main, quoiqu'il lui laissât
» le titre et le rang de Reine, elle ne le
» voyait qu'avec horreur. Le Sage se dou-
» tait que la reconnaissance était le plus
» faible des sentimens qu'il avait inspirés à
» Zulmé ; mais impatient de lire son triom-
» phe dans tous les replis de cette ame
» ingénue, il profita du privilége de l'in-
» visibilité, qu'il tenait de son anneau, pour
» traverser, sans être apperçu, les Gardes
» et les eunuques qui en défendaient les
» approches. Zulmé, en ce moment, était

» à genoux devant un portrait de Gygès,
» qu'elle avait elle-même dessiné, et qu'elle
» baignait de ses pleurs. Le monstre cou-
» ronné, disait-elle, a beau me fatiguer
» de ses caresses adultères, il ne t'arra-
» chera pas d'ici — et elle montrait son
» cœur au portrait.

» Quoique Gygès ne dût avoir aucun
» doute sur la franchise de sa pupille, il
» profita du désordre où était son ame et
» ses sens, désordre qui l'empêchait de
» voir autre chose autour d'elle que l'amour
» et le portrait, pour diriger le chaton de
» sa bague vers son sein ; mais l'épreuve
» répondit à son attente, et le cœur de
» Zulmé ne parla point d'autre langage que
» celui de sa bouche.

» O mon bienfaiteur, ô mon père ! disait
» l'infortunée Reine de Lydie, j'étais à toi,
» avant que Candaule m'entraînât expirante
» à l'autel ; je n'ai point prononcé d'ailleurs,
» devant les Dieux, un serment qu'ils au-
» raient rejeté ; je ne contracterai jamais
» d'autre hymen que celui que la nature
» avoue, l'hymen qui résulte du Pacte ta-

» cite entre ton cœur et le mien. L'union,
» qui m'a donné un trône , ne sera pour
» moi , jusqu'à ma mort qui s'approche ,
» qu'un grand sacrilége.

» L'ame sensible de Gygès n'aurait pu
» soutenir long-tems un pareil spectacle.
» Il se hâta de quitter Zulmé , qui n'avait
» vu que son image , et vint faire, sur l'ame
» d'airain du Roi de Lydie, la dernière expé-
» rience de son anneau.

» Gygès , dit Candaule en l'appercevant,
» tes loix m'importunent ; elles ont été sur
» le point de briser les nœuds qui me lient
» à ta pupil'e ; je ne veux pas qu'il se trouve
» un pouvoir entre mes sujets et moi ; rends-
» moi mon trône, et abroge ta législation.—

» Seigneur, avant cette législation, que
» la Lydie m'a demandée , il existait, sur
» toute l'étendue du globe , un Pacte Social
» entre les Rois et leurs peuples. Ce Pacte
» vous enjoint d'être juste, et ne met qu'à
» ce prix l'obéissance de la Lydie.—

» Aucun Pacte ne me lie à ma propriété.

» Monté sur le trône au sortir du berceau,
» j'ai reçu des sermens et n'en ai point
» prononcé. —

» Mais votre père, que sa vertu fit no-
» tre premier Roi, s'était engagé avec ceux
» qui l'élurent, à les protéger et à les ren-
» dre heureux. Il stipula alors pour vous,
» et pour toute sa postérité. Ce n'est pas
» là l'engagement d'un homme couronné,
» c'est celui du trône. Examinez tous les
» empires de la terre, suivez toutes les fi-
» liations de ses Rois ; il faut toujours re-
» monter à une tige, qui tient ses droits,
» ou de son épée, ou de l'élection libre des
» peuples. Dans le premier cas, il n'y a
» point de pouvoir légitime ; dans le second,
» il y a un Pacte, et ce Pacte lie tous ceux
» qui occupent le trône, jusqu'à la disso-
» lution de la monarchie. —

» Gygès est un sophiste audacieux, qui
» sème dans des esprits inquiets le germe
» des rebellions. —

» En ce moment l'anneau fut dirigé vers

» le cœur du monarque, et il changea ainsi
» de langage :

    » Gygès est un Sage, qui fait entendre aux
» peuples une vérité qui m'importune. —

    » La bague enchantée reprend sa direc-
» tion ordinaire.

    » Ecoute, Gygès, tu formas le cœur de
» l'unique femme que j'aie aimée : juge de
» la grandeur de ma reconnaissance : je te
» pardonne. —

    » Le talisman se reporte du côté du
» cœur de Candaule.

    » Gygès, je te hais, parce que tu me
» commandes d'être juste : je te hais encore
» plus, parce que Zulmé t'aime. Je n'ose
» te punir comme Roi, parce qu'il pour-
» rait m'en coûter ma couronne ; mais je
» vais te frapper, comme amant de ta pu-
» pille. Tous ces voiles que ta vertu laissait
» subsister entre Zulmé et toi, vont tom-
» ber. Tu connaîtras la grandeur des jouis-

» sances que tu as perdues, et les tourmens
» de ton cœur déchiré, suffiront en ce mo-
» ment à ma vengeance. —

» Candaule, pendant que le Sage retour-
» nait son anneau, eut le tems de composer
» son visage : il prit, avec une sérénité per-
» fide, la main de Gygès, la pressa dans
» les siennes, et employa tous les ressorts
» de l'éloquence la plus insidieuse, afin de
» l'engager à conspirer avec lui, contre la
» prospérité de la Lydie. Comme le philoso-
» phe gardait un silence absolu, le tyran
» changea, avec art, d'entretien, fit l'éloge
» le plus accompli des charmes de Zulmé,
» et pour convaincre Gygès, qu'en qualité
» d'ami de son cœur, il le regardait comme
» un autre lui-même, il lui proposa de lui
» montrer sa pupille sans voile, et telle que
» la Déesse de la beauté parut, quand elle
» sortit du sein de l'onde qui l'avait fait
» naître. Le Sage rougit, et la tyrannie de
» Candaule interpréta à son gré cette es-
» pèce de réponse.

» La difficulté était de déterminer la ver-

» tueuse Zulmé à se montrer sans voile à
» un autre qu'à un époux , et à dépouiller
» ainsi son innocence avec son dernier vê-
» tement. Il était bien évident que, volon-
» tairement, cette ame pure ne se prête-
» rait jamais à une pareille ignominie, et
» que si on tentait d'employer la violence,
» elle mourrait de sa douleur, avant que le
» dernier voile fut arraché. Ainsi, le despo-
» tisme de Candaule, tout accoutumé qu'il
» était à briser les obstacles, devait échouer
» devant la vertu de la pupille de Gygès :
» mais la tyrannie est toujours ingénieuse,
» quand il s'agit de faire le malheur des
» hommes. Le Roi de Lydie se rappella que
» ce jour même était consacré au Soleil,
» et que Zulmé devait, avant de se rendre
» au temple, en présence du père de la lu-
» mière, prendre un bain dans les jardins
» du Palais, suivant l'usage immémorial de
» l'Orient, où des ablutions de corps sen-
» blent annoncer au ciel la pureté de l'ame,
» et la légitimité des offrandes. C'est sur
» cette connaissance, que le monstre cou-
» ronné traça le plan de son odieux strata-
» gême.

» Zulmé était en effet, en ce moment,
» dans un des bosquets du Palais, dont
» seule elle avait la clef : ce bosquet avait,
» à sa lisière, une vaste pièce d'eau, dont
» un vent léger sillonnait les ondes ; le ciel
» parfaitement pur, semblait promettre à
» la nature un redoublemenr de fécondité ;
» c'était le triomphe du Dieu de la lumière,
» et la religion de la crédule Zulmé lui per-
» suadait, qu'elle ne pouvait choisir un ins-
» tant plus heureux, pour se préparer au
» sacrifice.

» Cependant, quoiqu'elle se crut seule
» dans la nature, soit qu'elle eut un pres-
» sentiment du crime de Candaule, soit
» plutôt que l'austère décence s'alarme d'une
» nudité absolue, même dans le silence de
» de la solitude, elle balança long tems à
» se dépouiller de tous ses vêtemens ; et,
» lorsque le dernier voile s'échappa de sa
» main irrésolue, sa pudeur mourante com-
» battait encore, pour le retenir autour
» d'elle. Cette réserve touchante ajoutait
» aux charmes de la Reine de Lydie, et
» formait un tableau d'autant plus atta-

» chant, que les mœurs faisaient ressortir
» l'abandon de la nature ; et que toute la
» volupté était dans la vertu.

» Cependant Candaule avait envoyé des
» Eunuques, épier le moment où Zulmé,
» presque nue, n'opposerait à ses ravisseurs
» aucune résistance ; ceux-ci escaladèrent
» les barrières fragiles des bosquets, et pa-
» rurent devant Zulmé, au moment où elle
» posait un pied timide sur les joncs, qui
» servaient d'enceinte à la pièce d'eau : à
» la vue des satellites du tyran, l'infortunée
» se précipite dans les flots, et y ensevelit
» sa tête même, comme si elle eût voulu
» se punir d'avoir été souillée par les re-
« gards des hommes : les Eunuques s'élan-
» cent dans l'onde après elle, triomphent
» de ses vains efforts, et la portent évanouie
» dans le Palais. Candaule s'y était attendu ;
» il savait bien que Zulmé vivante ne
» prostituerait jamais ses charmes au ca-
» price d'un époux ; mais peu lui impor-
» tait, par quelle voie il vaincrait sa réserve,
» pourvu qu'il fût obéi de la pupille et qu'il
» se vengeât du tuteur.

» Zulmé, soutenue par les Eunuques,
» commençait à rouvrir ses yeux mourans,
» quand Gygès parut devant elle, avec son
» vil époux : à l'instant un froid mortel s'em-
» pare de nouveau de ses sens, ses genoux
» se dérobent sous elle, et on la voit re-
» tomber une seconde fois sans connais-
» sance.

» Homme barbare, dit le Sage, ne crois
» pas me rendre complice de la profana-
» tion de tant de charmes. Tu vois cet an-
» neau de diamans, que j'ai trouvé au mi-
» lieu des ruines dont la terre, en s'entr'ou-
» vrant, a entouré ta Capitale ; il a la vertu
» de rendre invisible celui qui sait le di-
» riger ; et pour sauver, à la plus vertueuse
» des femmes, l'opprobre de rougir devant
» moi, tu vas me voir disparaître. —

» Candaule vit ce prodige, et son cœur
» resta le même. Persuadé que les décom-
» bres, où Gygès avait trouvé sa bague, ren-
» fermaient d'autres trésors, utiles à son des
» potisme, il y courut avec ses Gardes. C'é-
» t it là que la justice céleste l'attendait. La

» terre trembla avec plus de violence que
» jamais, s'ouvrit devant lui, et l'engloutit
» dans ses abîmes.

» Cependant Zulmé, revenue de son som-
» meil de mort, regarda autour d'elle,
» ne vit plus Gygès, et fière d'avoir été
» respectée, reprit sans rougir ses vête-
» mens. Quand elle fut dans cet état de
» décence, où la beauté n'a plus à crain-
» dre d'être outragée par les regards, le
» Sage parut tout d'un coup devant elle,
» lui expliqua la magie de son anneau, et
» lui apprit la mort du tyran.

» O mon bienfaiteur, dit la sensible
» Zulmé, en tombant aux pieds du Philoso-
» phe, ce dernier trait de ta vertu m'en-
» chaine à jamais à toi : voilà ma main,
» viens à l'autel, et sois heureux.

» Gygès mouilla cette main des larmes
» de la reconnaissance ; il alla au temple
» avec Zulmé, et il fut Roi.

» Mes enfans, dit il au peuple assemblé,

» cet anneau m'a appris, qu'il n'y avait point
» de bonheur pour l'homme individuel ,
» sans un Pacte tacite avec Dieu : point de
» jouissance pour l'homme en famille , sans
» le Pacte qui lie le cœur de l'épouse à
» celui de l'époux : point de sûreté pour
» l'homme rassemblé en corps de nation ,
» sans le Pacte qui enchaîne le Roi et ses
» sujets. Remercions le ciel de ce grand
» trait de lumières , et faisons du Pacte So-
» cial la base de notre législation.

CHAPITRE IX.

ATTENTAT CONTRE LA SOUVERAINETÉ.

PENDANT que l'inconnu soulevait peu à peu le rideau qui, depuis tant de siècles, nous cache le Pacte Social, un spectacle terrible préparait une nouvelle atteinte à sa sensibilité ; cependant le ciel en feu n'annonçait point l'approche d'un orage, la mer unie comme le crystal était aussi calme que le cœur du philosophe ; mais on entendait de loin en loin des roulemens de tonnerre, qui offraient un présage d'autant plus sinistre, que la sérénité du firmament les rendait inexplicables ; comme nos voiles portaient du côté de ce foyer d'alarmes, les matelots, dont l'oreille était exercée, reconnurent bientôt, que ces roulemens étaient des coups de canon, répétés par les échos des montagnes d'Asie. Et enfin il ne fut plus possible de se refuser à l'idée, que c'étaient les signaux de détresse d'un vaisseau qui, sui-

vant la langue des marins, allait sombrer
sous voiles.

Notre capitaine, guidé par la lueur mourante d'un dernier crépuscule, fit diriger
la manœuvre, de manière que nous pus-
sions atteindre le navire infortuné, avant que
la mer l'engloutît. Nous ne tardâmes pas à
être à sa portée; alors nous vîmes distinc-
tement un grand corps de vaisseau, dont
les vagues étaient sur le point d'atteindre
le tillac; des voies d'eau avaient causé son
désastre; c'était en vain qu'on avait tenté
de les épuiser; des squelettes, livides et
haletans, travaillaient sans espérance autour des pompes; et on avait été obligé, à
notre approche, de jetter dans la mer les
vergues et les mâts de hune, pour éloigner
de quelques minutes le plus terrible des
naufrages.

Cependant on préparait nos chaloupes,
afin d'aller au secours de l'équipage; tout-
à-coup le Commodore fait arrêter la manœuvre, et s'élançant vers l'étranger : philosophe, lui dit-il, conseilles-moi; je re-
connais

connais ce navire ; c'est une Frégate Tur-
que, qui croise sans cesse aux Dardanelles,
chargée des expéditions les plus sinistres
du Grand-Seigneur. L'eunuque qui la commande n'a d'autre fonction que de faire
tomber les têtes que le Divan lui désigne ; si
nous laissions le ciel venger lui-même tout
le sang innocent, répandu par ces vils satellites du despotisme....

Le Sage eut un trouble involontaire ; il
pressentit un grand danger à être sensible ;
mais reprenant tout-à-coup ses esprits : qui
nous a établis, dit - il, les juges des rois ?
O mon digne libérateur ! ne soyez pas généreux à demi ; l'humanité nous parle par
le péril de tant d'infortunés ; ce cri déchirant du cœur est moins fait pour nous éga-
rer, que les froids sophismes de la politique :
croyez-moi, sauvons ces farouches exécu-
teurs des loix, puisqu'ils sont hommes.....
dussent - ils, pour prix de mes conseils,
faire tomber ma tête.

Le capitaine n'entendit pas ces derniers
mots ; déja il avait donné l'ordre à la grande
chaloupe, d'aborder le navire à demi sub-

mergé. Il était tems de le secourir ; on voyait, sur le tillac, une foule de malheureux exténués de fatigue et de faim , s'agitant, dans cette espèce de prison, dont ils ne pouvaient sortir, tandis que la mort, conduite par les vagues, y entrait de toutes parts ; tous tendaient les bras vers leurs libérateurs, qui, malgré le mouvement rapide des rames , n'avançaient point assez au gré de leur impatience. Enfin la chaloupe les reçut. L'eunuque commandant y entra le dernier ; il avait cru ne pouvoir conserver sa vie, qu'après avoir assuré celle du dernier de son équipage.

Au milieu de ce tumulte, Eponine qui, quand l'humanité vulgaire était satisfaite, trouvait encore de nouveaux devoirs à remplir, apperçut dans la galerie de la poupe une espèce de pavillon en osier, qu'agitait en tout sens un mouvement interne, différent de celui des vagues ; instruite des terribles effets de la jalousie Ottomane, elle se douta à l'instant, que le pavillon renfermait quelques jeunes infortunées, destinées aux plaisirs du Sultan, qu'on aimait

mieux exposer à la mort qu'aux regards
des étrangers. A l'instant elle se précipite
dans la plus légère des chaloupes, la dé-
tache, et presse en vain de ses doigts de
roses des rames pesantes, qui refusent de
couper les vagues, dans la direction qu'elle
détermine. Le jeune esclave de l'Algérien
voit son danger, devine son dessein (car
qu'est-ce que la sensibilité de la jeunesse
vertueuse ne devine pas?) et s'élançant
dans les flots, il atteint la chaloupe versatile, qu'il conduit avec légèreté, jusqu'auprès du vaisseau qu'on venait d'abandonner. Eponine arrivée ainsi à la hauteur de
la galerie, brise elle-même les portières de
la tente, et délivre deux de ses concitoyen-
nes, qui, en voulant embrasser ses genoux,
tombent évanouies dans ses bras.

L'enthousiasme de la vertu semblait dou-
bler les forces de la jeune héroïne; pendant que l'esclave Français veillait à la garde
de la nacelle, elle y transporte successivement les deux Grecques, aussi fière d'un
tel fardeau, que lorsqu'Enée sortait de
Troye, portant son père et ses dieux. Le

T 2

sein de ces tendres victimes de l'amour commençait à palpiter sous les larmes de leur libératrice, lorsqu'au signal que donna cette dernière, la chaloupe reprit avec précipitation sa route vers le Cosmopolite.

Il était tems de se mettre hors de la portée de la Frégate; car tout-à-coup une vague terrible couvrit la surface du tillac, et le vaisseau disparut; au même instant, une montagne d'eau, élevée par le vuide effroyable que causa dans la mer la Frégate submergée, vint en rugissant frapper la chaloupe d'Eponine, qui se serait brisée contre le Cosmopolite, sans la manœuvre hardie de l'esclave Français, qui jouait, avec la même intelligence, le rôle de pilote et celui de matelot.

L'équipage Turc ainsi sauvé, contre toute apparence, le Commodore, témoin de l'action généreuse d'Eponine, fit ranger tout le monde en cercle, et courbant un genou devant elle, entoura d'une espèce de couronne civique sa chevelure en désordre. Le père ému se crut un moment au Gymnase de l'antique Lacédémone.

L'esclave Français, dans ce triomphe de l'humanité, parut seul oublié ; il avait atteint, au péril de sa vie, la chaloupe, l'avait dirigée et sauvée, sans proférer un seul mot. Lorsque le danger ne fut plus, il alla en silence se cacher dans la foule. Un regard d'attendrissement d'Eponine vint l'y chercher. Sans ce regard, il aurait pu penser n'avoir eu que Dieu pour témoin de sa vertu.

Toute cette scène de naufrage avait singulièrement échauffé les esprits dans le Cosmopolite. Le Commodore, pour retrouver sa sérénité, vint reprendre sa paisible conversation avec le philosophe.

Votre attente est remplie : j'ai sauvé les jours de ces vils instrumens du despotisme, que j'aurais combattus, s'ils avaient pu se défendre. —

Ce n'est pas à moi, c'est à votre cœur sensible que vous avez cédé. Vous avez rempli la morale de l'homme. —

Mais, si cette morale de l'homme m'est

T 3

contraire ; si en prolongeant l'existence
d'un brigand, je m'expose moi-même à ses
brigandages ? —

Eh ! croyez-vous qu'il y ait de la grandeur d'ame sans péril ? Voyez Aristide, qui
va signer lui-même son nom sur la coquille
de l'Ostracisme ; Régulus, qui retourne en
triomphe chercher la mort à Carthage ; c'est
le sacrifice qui, si j'ose le dire, donne de
l'ame à la vertu. —

On vint en ce moment demander les ordres du Commodore, pour savoir où on
placerait l'équipage de la Frégate submergée ; sur les instances des Musulmans, on
les laissa réunis, pour le reste de la nuit,
dans une vaste tente, qui fut dressée sur
le tillac. Alors tout le monde se retira, et
les deux jeunes Grecques obtinrent de veiller près du hamac d'Eponine.

Le philosophe, avant de se livrer au sommeil, voulut embrasser sa fille ; elle était
émue ; ses yeux égarés annonçaient le désordre de ses sens. Mon père, dit - elle,

connaissez - vous cet Eunuque que nous avons recueilli dans son naufrage ? C'est le farouche ennemi des lumières et de la beauté ; c'est ce satellite impitoyable du Sultan, qui vint m'arracher, il y a cinq ans, de vos bras, pour me prostituer à un maître insol nt, qui ne me connaissait pas ; c'est.... Epor ne, n'achève pas, dit le Sage, j'ai besoin ici de toute ma raison : sauve-moi du spectacle déchirant de ta sensibilité.

Il sortit un moment, et vit, à la porte de la chambre du capitaine, deux Turcs armés de cimeterres ; un peu plus loin, il apperçut l'officier de quart étendu sur le pont, un bâillon dans la bouche, entre deux Muets, qui dirigeaient sur son cœur la pointe de leurs poignards. Je vois, dit-il en lui-même, toute l'horreur de mon sort. Il est tems de boire la ciguë de Socrate. Être des êtres, dans le sein de qui je vais tomber, pourquoi me rendais-tu la vie si chère, en faisant Eponine si digne de toi ?

L'infortuné rentra à l'instant auprès de sa fille, à demi évanouie entre les bras des

T 4

deux Grecques, tourna sur elle un œil humide de pleurs, dont il avait tenté vainement de tarir la source, jetta sur son lit un manuscrit qu'il tenait renfermé dans son sein ; et après l'avoir embrassée, dans un silence de stupeur et de tendresse, reprit la route de son hamac.

Il n'avait pas fait trois pas, que deux hommes armés l'arrêtèrent, et le conduisirent dans la tente, qu'on avait dressée sur le tillac.

Malheureux vieillard, dit l'Eunuque du Grand-Seigneur, prosternes-toi, et baise les caractères sacrés de cet ordre Impérial, qui te dévoue à la mort. —

En même-tems, il tira de son sein l'écrit fatal, signé du Sultan, qui enjoignait au perturbateur prétendu du Péloponèse, de livrer sa tête docile aux Muets chargés de la faire tomber. A ce signal, les satellites de l'Eunuque tirèrent leurs cimeterres, et firent un cercle autour de leur victime.

Arrête, dit le Philosophe à l'Eunuque,

en lui lançant un de ces regards, où étin-
cèlent à la fois le feu du génie et celui du
couroux ; sache que, même entouré de tes
Muets, ta vie et la leur sont dans mes mains :
si quelqu'un sort de cette enceinte, qu'il
a lui-même tracée ; je jette un cri terrible,
et ce cri appellera sur vous tous la vengeance et la mort.

Et ne crois pas, Eunuque terrible, que
je cherche à prolonger des jours flétris par
la douleur, si le ciel en a fixé le terme ; mais
puisque ton souverain a porté ma sentence, sans connaître mon délit, je ne veux
pas que tu l'exécutes sans m'entendre. C'est
l'unique faveur à laquelle j'aspire, et j'ai
droit de l'attendre de l'ennemi, que moi seul
je viens de sauver du naufrage. Écoute ton
libérateur, ensuite il ne tiendra qu'à toi de
le frapper. —

Jamais le satellite des vengeances du Sultan n'avait entendu un pareil langage ; mais
il ne voyait devant lui qu'un vieillard dé-
sarmé. Il y avait du danger à le livrer au
désespoir, et sa fierté descendit à entendre
sa défense.

Je n'ai point, dit le Philosophe, appellé
le Péloponèse à la liberté, mais à la défense de ma fille ; non que je rougis de ramener aux droits imprescriptibles de leur
nature, des hommes que la force seule a
mis sous le joug ; mais, depuis Rome conquérante, il n'y a plus de Péloponèse ; le
sang illustre des Miltiade et des Phocion
s'est desséché dans sa source, et ma voix
ne rendrait pas libres, ceux que leur cœur
fait esclaves.

Tu me parles de baiser à genoux l'arrêt
d'un maître, qui me condamne à mort
sans m'entendre ; mais qui t'a dit que ton
Sultan soit mon maître ? N'a-t-il pas juré,
par l'Evangile de Mahomet, de respecter mes
propriétés ? Eh ! quelle propriété plus sacrée
que celle de l'honneur de ma fille, auquel
il a voulu attenter ? Il a donc rompu le Pacte,
qui enchaîne l'homme qui obéit, à l'homme qui commande ; et il me remet, autant
qu'il est en lui, dans l'état de nature.

Et quand même il y aurait des loix, qui
n'obligeraient pas leurs interprétes ; quand

même vingt millions d'hommes, proster-
nés sous la verge du despotisme, n'auraient
d'existence légale que pour gémir et mourir, ne me suis-je pas dérobé à l'atteinte
de ces loix, en secouant la poussière de
cette terre Ottomane, qui dévore ses habitans ? Mon exil est une mort, aux yeux du
souverain que je repousse ; suivant les premiers élémens du droit social, il doit me
soustraire à sa justice, à plus forte raison
à sa vengeance.

Eunuque, je t'ai dicté ton devoir ; ma
patrie actuelle est ce vaisseau ; c'est une
terre étrangère pour toi ; en m'immolant
dans la Grèce, tu n'aurais été que l'aveugle instrument d'un despote ; en m'égorgeant ici, tu blesses la morale des Etats,
et tu es un assassin.

Vieillard proscrit par le ciel, répond froi-
dement l'Eunuque, j'ai juré ta mort ; remplir
mon serment est le premier dogme de ma
morale ; cette nouvelle patrie, que tu invo-
ques, ne saurait ni te protéger ni me punir. L'ange exterminateur a désigné sa victime ; il est tems de la frapper. —

A ce mot, un cri de fureur se fait entendre derrière la tente ; les trois Grecques
s'élancent sur la scène de carnage ; et pendant que les deux Sultanes vont protéger
le Philosophe contre l'audace des Muets,
Eponine frappe l'Eunuque d'un coup de
poignai.

Sur ces entrefaites, on sonne l'alarme
dans le vaisseau ; l'équipage est armé en un
instant, on déchire la tente Musulmane ;
et, après une faible résistance, tous les
brigands, qu'on avait dérobés au naufrage,
sont chargés de fers.

Le péril éloigné, le Commodore tombe
aux pieds d'Eponine. — Non, dit-elle,
bannissez à jamais de votre souvenir un
trait de courage qui m'importune ; j'ai ni
mon ravisseur, j'ai sauvé mon père, j'ai
vengé la morale des Etats ; et malgré moi,
ma vertu me laisse des remords. — C'est
là où je t'attendais, dit le Philosophe ; si
tu t'étais énorgueillie d'avoir sauvé mes
jours par un assassinat, tu n'aurais été à
mes yeux qu'une héroïne vulgaire. — Quoi,

M.quin.Del.   Ponce, Dir

J'ai sauvé mon Pere...et ma vertu
me laisse des remords.

mon père, j'ai commis un assassinat ? Ah !
laissez-moi me cacher à la terre, à moi-
même. — Eponine, relève au contraire ce
front abattu; si tu es criminelle, tu l'es à
la manière des Arrie, des Lucrèce; et le
législateur qui voudrait te punir, serait fier
de te ressembler.

L'Eunuque, qui t'a doublement outragée,
a subi son supplice; les satellites de ses
fureurs sont dans les fers; le calme que
tu as rendu à ce vaisseau commence à être
dans nos cœurs : maintenant écoute-moi.

L'homme, en entrant dans le monde
social, a déposé sa force individuelle, afin
d'être protégé par la force générale; il s'est
donc interdit jusqu'au droit d'être l'instrument des loix, contre l'infracteur qui les
outrage.

Telle est, dans les grandes ames, la force
de ces chaînes volontaires, que l'injustice
même de la patrie n'autorise pas à les rompre : voilà pourquoi Socrate, opprimé plutôt que jugé par l'Aréopage, refusa de sortir de sa prison.

Les rédacteurs du Pacte Social, en com-
primant ainsi la force individuelle, sont
partis de la grande idée, que personne,
n'étant juge en dernier ressort dans sa propre
cause, ne doit s'arroger le droit de prononcer la sentence et de l'exécuter.

L'Eunuque a blessé la morale des États,
en conjurant ma mort dans une terre étrangère, sans l'aveu du souverain qui y commande; mais toi-même, Éponine, tu as
attenté aux droits de ce souverain, en le
vengeant sans son aveu.... O ma fille ! ton
cœur t'a inspiré un trait sublime, et ce cœur
juste n'a pas été inaccessible au remord.

Sage vieillard, s'écria le Commodore,
ne profanons pas le trait héroïque d'Éponine, en l'assimilant avec les infractions
vulgaires du Pacte Social ; sans sa coupable
vertu, ce vaisseau, que vous regardez comme votre seconde patrie, aurait passé sous
un joug étranger ; et quelqu'atteinte que
cette héroïne ait donnée aux loix, le souverain que je représente doit la couronner
plutôt que la punir.

Cependant le Philosophe faisait voir sur
son visage altéré, que les grandes commo-
tions n'étaient pas faites pour son ame paisible ; le feu de ses regards commençait à
s'éteindre, ses genoux chancelans se déro-
baient sous lui, et il fallut le porter sur son
hamac, pour que les fatigues de cette nuit
terrible pussent être réparées par ce sommeil du juste, qui n'est jamais interrompu
par le remord.

Eponine, trop agitée encore, pour que
ses sens cédassent à un sommeil tranquille,
resta dans la tente Ottomane, avec les jeunes Grecques, le Commodore et l'Etat-Ma-
jor du Cosmopolite. Elle se ressouvint alors
qu'elle avait dans son sein le manuscrit de
son père, et elle le parcourut avec une
curiosité philosophique, pour en lire à haute
voix quelque fragment ; ses recherches tom-
bèrent sur un morceau singulier, que le Philosophe avait annoncé, et qui avait pour
titre : *Des trois Morales.*

====

CHAPITRE X.

DES TROIS MORALES.

————

O MES amis, combien, depuis environ dix à douze mille ans, que nous suivons l'homme civilisé à la trace de l'histoire, on a égaré le monde, sur cette grande base du Pacte Social, qu'on appelle la Morale !

Chaque législateur a tiré la sienne de l'idée d'un Dieu fait à son image; d'un Dieu capricieux, pusillanime, persécuteur; et il en a corrompu les élémens, comme par l'intervention d'un culte antérieur aux loix, il avait déja dégradé sa législation.

Eh ! pourquoi appuyer la Morale sur la religion, tandis que c'est la religion même qui doit être appuyée sur la Morale ? Ai-je donc besoin de croire, pour être sensible ? Quand il s'agit de protéger la vieillesse d'un père, de procurer des jours sereins à une
épouse,

épouse, d'arracher un infortuné au fer de ses assassins, dois-je attendre que le ciel fasse parler l'implacable Jehovah de Moïse ou de Samuël, la Nymphe de Numa, l'Ange de Mahomet ou la Biche de Sertorius?

La morale est dans le cœur de l'homme bien organisé; c'est-là que le législateur doit la chercher, et non dans les livres des sophistes et dans les Révélations.

Voyons un moment ce que ce cœur m'a dit, quand je l'ai consulté; j'ai fait, de ses oracles épars, une espèce de théorie qui, étrangère aux principes actuels des gouvernemens, odieuse aux sectaires de tous les cultes religieux, trouvera peut-être grace auprès de l'homme de bien.

La morale, considérée dans ses élémens, est l'art d'être bien avec tous les êtres avec qui on a des rapports.

De ce trait de lumière, dérive la double base des devoirs de l'homme individuel; car, pour conserver l'harmonie des êtres, il

Tome I.   V.

faut qu'il soit bien avec lui-même , et avec
la Société qui le protége.

L'amour de soi a été donné à l'homme
par la nature , pour qu'il veillât à la con-
servation de son existence. C'est en le di-
rigeant , qu'il peut espérer d'être bien avec
lui même ; ainsi , c'est l'amour de soi qui
est le principe de la moralité.

Pour être bien avec soi même , il faut
conserver , autant qu'il est en soi , l'énergie de ses sens , éclairer son entendement ,
et ne point contrarier la pente de son cœur
à la vertu.

Dire que l'homme doit être bien avec
soi même , c'est dire qu'il doit l'être aussi
avec l'Ordonnateur des Mondes , l'unique
frein des délits secrets , dans le sommeil
des loix ; mais cette branche de la moralité ne tient pas essentiellement au monde
social. C'est en vertu d'un contrat tacite ,
entre le ciel et le cœur de l'homme , que
la religion existe ; du moment qu'il lui faut
une autre sanction que celle de la cons-

tience, elle n'est à mes yeux qu'un grand sacrilège.

Il ne suffit pas à l'homme moral d'être bien avec soi - même, il faut qu'il le soit aussi avec la Société qui le protège; et c'est encore l'amour de soi qui lui indique impérieusement à cet égard la chaîne de ses devoirs.

L'homme s'aime dans le père, qui lui a ouvert l'entrée du monde social, dans l'épouse que son cœur a choisie, dans les enfans qui perpétuent sa fragile existence : telle est la base de l'union sacrée des familles.

Il s'aime dans ses concitoyens, qui le défendent de leurs armes, de leurs mœurs et de leurs loix ; et voilà la base du patriotisme.

Il s'aime dans la grande famille des êtres intelligens, dont la concorde forme l'harmonie de notre Globe ; et voilà l'origine de cette bienveillance universelle, qui fait du Sage un Cosmopolite.

V 2

De cette chaîne de principes résulte ce que j'appelle la morale de l'homme individuel.

Les nations sont les individus de la Société générale; et leur rapport, comme souverains, avec les hommes isolés qu'elles gouvernent, constitue la morale de l'État, qu'il faut bien se garder de confondre, quant au fait, ainsi que l'a fait le vulgaire des penseurs, avec la morale de l'homme individuel.

L'homme individuel ne s'est point organisé; sa conscience n'est pas l'ouvrage de ses mains; il peut donc exister en lui même un principe de moralité, antérieur à ses passions, et indépendant de ses caprices.

Mais quelle est la conscience d'un État? Où est ce cri intérieur qui lui annonce qu'il a enfreint le Pacte Social? D'ordinaire, il n'est averti de ses longues erreurs, que par la révolution sanglante qui le dissout; c'est la foudre qui, en l'écrasant, l'éclaire.

Si du moins, au défaut du tact moral, qui

leur manque, les grandes Sociétés se dirigeaient par ces maximes éternelles du droit
de la nature, que rassemblèrent autrefois
Socrate, Zenon et Marc-Aurèle! Mais con-
templez l'univers civilisé. Quel monstrueux
assemblage par-tout, d'usages barbares, de
loix incohérentes, de Révélations absurdes
ou féroces! Aussi quel a été jusqu'ici le
garant de la stabilité des trônes, sinon la
faiblesse de ceux qui les environnent?

Cependant tous ces États ont une morale, de laquelle dépend leur politique
intérieure, cette politique, qui d'ordinaire
n'agit qu'en armant les passions des hommes les unes contre les autres, qui entoure
le trône de ruines, afin d'empêcher qu'on
ne l'approche, pour découvrir sa nullité.

C'est cette morale de l'État, qui a amené
sur presque toute la surface du Globe, l'épi-
démie des cultes exclusifs; c'est par elle
que plus d'un despote, par la grace de
dieu, dit à des millions d'esclaves : il
n'existe dans le ciel d'être suprême que le
tyran que j'ai fait; ainsi je romps le con-

trat tacite qui lie l'homme de bien avec le
bienfaiteur des Mondes ; que la liberté de
penser soit un crime d'État , et qu'il n'y
ait autour de moi d'autre lumière que celle
des bûchers.

C'est la morale de l'État qui a consacré
ces manœuvres obscures et cruelles , appel-
lées par les philosophes des Cours , par les
historiographes , *coups d'Etat* , *droit de*
bienséance , *effets du malheur des tems* ,
et que je nomme , avec plus de vérité , des
attentats des rois contre le genre-humain.

Cependant , quoique cette morale de
l'État ne soit d'ordinaire qu'un grand blasphéme contre la morale de la nature , le
Sage , sans force et isolé , doit paroître s'y
soumettre ; enchaîné , par le sol qu'il habite , aux loix bonnes ou mauvaises qui le
protègent , il ne peut , sans un délit social ,
briser l'autel qui l'avilit , ou le trône qui
l'outrage ; il est forcé , comme citoyen ,
de mentir sans cesse au ciel , au gouvernement et à lui-même.

Mais il y a des limites , qu'une raison

éclairée indique, dans ce cahos de contra-
dictions nécessaires ; le civisme n'oblige
pas toujours la conscience à se parjurer ;
toute passive qu'est l'obéissance dans les
gouvernemens absolus, elle ne va pas sans
doute jusqu'à faire un devoir au père de
Virginie de la livrer à la brutalité d'un Dé-
cemvir, ni à un Sénateur de Carthage, de
placer son fils dans les bras de la statue
embrasée de Saturne. Il y a des circonstances, où un sujet doit désobéir à son souverain, où sa conscience doit parler plus
haut que son patriotisme, où il doit faire
céder la morale de l'État à celle de l'homme individuel.

Une grande révolution s'est opérée depuis quelques siècles dans l'esprit humain :
c'est celle qu'a fait naître la découverte de
l'imprimerie ; de ce moment les États, que
les lumières ont pu atteindre, ont rappro-
ché un peu plus leur morale, de celle de
l'homme ; le civisme s'est un peu moins
allié à l'imposture ; et un l'Hôpital, un
Montausier, un Fénélon, ont pu s'éloigner

V 4

quelquefois des idées reçues, sans cesser de paroître hommes de bien.

Graces immortelles soient rendues au Philosophe qui, à cette époque, s'est placé en sentinelle à la porte des États, pour éclairer du flambeau terrible de la vérité, toutes les institutions qui calomniaient l'excellence de notre nature. Nations, qui n'avez plus un culte aussi intolérant, bénissez Montagne, Bayle et Rousseau ; gouvernemens, qui commencez à ouvrir les yeux sur l'impéritie de vos loix, élevez des statues aux Sidney, aux Beccaria et aux Montesquieu ; c'est au génie de ces grands hommes que vous devrez un jour, de n'avoir pas à rougir de votre morale.

Le Philosophe, depuis deux siècles, est en Europe ce qu'était dans Rome républi- que, l'ancien Caton ; le fouet de la censure à la main, il distribue l'opprobre à tous les ennemis des mœurs ; il les atta- que, assis sur le trône, ou courbés sur les autels : il commande la réforme des cultes et des gouvernemes insensés, ou il les frappe à mort.

Elevé à cette hauteur d'idées, l'homme de lettres, en sa qualité de conservateur né de la morale de la nature, dut, plus que tout autre citoyen, aspirer, dans les États dégradés, à la gloire de la désobéissance ; tant que son courage ne troubla point l'ordre public, tant que, borné à nourrir, dans la solitude, des têtes pensantes, il ne fit point couler un sang inutile, il acquit, en frappant sa patrie, des droits à l'immortalité.

Grace à cette liberté de penser, que les despotes, par leurs persécutions, rendent encore plus contagieuse, le foyer des lumières s'aggrandit, la confédération tacite des gens de bien, pour rendre inutile la morale perverse des États, s'augmente ; les gouvernemens alarmés s'irritent, veulent frapper des citoyens qui s'indignent de leurs chaînes, et il y a insurrection.

Mais, par combien de nuances, le pro-

pagateur de la morale de la nature doit-il
passer, pour arriver, du simple murmure
jusqu'à l'insurrection? Or, c'est la connaissance parfaite de ces nuances, qui légitime
la résistance à des loix perverses; et jusqu'ici, quel est le Code qui les a graduées?
Où est le prisme philosophique qui en a
indiqué l'échelle? il n'existe point de législateurs, depuis la naissance des ages, qui
ait eu le courage de consacrer l'opposition
à la tyrannie des loix; il n'en est même
aucun, qui ait soupçonné la possibilité
qu'une pareille résistance fût légitime; ils
se comparent à cet égard aux instituteurs
de Rome, qui ne croyaient pas à la possibilité des parricides.

Il résulte de cette théorie, jusqu'ici parfaitement inconnue, de deux morales qui
se combattent sans cesse, que toutes les
législations, données à ce Globe, pèchent
par l'organisation élémentaire; qu'aucune
n'a su poser les limites invariables du juste
et de l'injuste; qu'en ordonnant l'ob issance
ce passive, elles ont avili le citoyen qu'elles
protégeaient; et qu'en un mot, si, dans

l'enfance de la raison , on pût diviniser ces colosses , dans un siècle plus fait pour les grandes choses , on doit les abattre.

Les États constitués , comme nous les voyons , ne sauraient être bien avec eux-mêmes , parce que leurs principes , tels que ceux du cahos d'Hésiode , sont dans une lutte perpétuelle avec ceux de l'homme individuel , qui vit dans leur sein ; quand la morale de l'État domine , l'homme reste vil et dégradé ; quand c'est celle de l'homme , l'État se régénère , ou est anéanti.

Mais l'Etat , outre ses rapports naturels avec ses concitoyens , en a encore d'autres avec les États divers qui sont épars sur le Globe ; car il n'en est aucun qui ait la sagesse de se suffire à lui-même ; l'ambition , l'intérêt du commerce , leur font franchir les distances ; les mers qui devaient naturellement les diviser , deviennent , par ces agens nouveaux , l'intermède qui les réunit : or , ces rapports d'État à État , constituent un nouvel ordre de devoirs , que la politique moderne nomme Droit des Gens , mais qui n'étant encore que l'art d'être bien avec toutes les Puissances de la terre, doit s'appeler morale.

Comme, depuis l'usage perfectionné de la boussole, tous les peuples de nos Continens sont en correspondance, depuis le Groënland, jusqu'aux îles qui avoisinent la ceinture de glaces du Pôle Antarctique, et de l'Islande au Japon, il ne faut plus considérer notre monde social, que comme la sphère infinie de Paschal, dont le centre est par-tout et la circonférence nulle part : alors je désignerai les rapports moraux de cette grande famille des Etats, sous le nom de morale de l'univers.

Il n'existe rien, sous l'empire du soleil, de plus imparfait et de plus incohérent que cet assemblage informe de toutes les morales des États, d'où résulte la morale de l'univers. Si la morale de l'homme est l'ouvrage du Dieu de bien, celle de l'univers semble la production du Dieu du mal ; ainsi l'ordre est dans les élémens, et le désordre dans l'ensemble ; cette considération est faite pour rendre Manichéen tout ce qui n'est pas philosophe.

Je voudrais bien savoir , quelle idée présente à la raison une morale universelle ,
qui lie ensemble les institutions de l'Athènes de Périclès avec la tradition orale des
Cannibales ; qui fait marcher Lycurgue de
pair avec le premier Cacique d'une horde
antropophage ?

Qu'on montre , dans ce labyrinthe inex-
tricable de morales , le fil qui unit à la belle
conception philosophique de Marc-Aurèle
sur l'harmonie des États , l'acte du Droit
des Gens de l'ancienne Carthage , qui consistait à faire noyer les étrangers qui tra-
fiquaient vers les Colonnes d'Hercule : le
Pacte Social entre les Iroquois de manger
leurs prisonniers : l'effet de ce droit de
bienséance , sanctionné par les Papes , en
vertu duquel un amiral Espagnol prenait
possession de tout pays inconnu , où il pouvait planter une croix et arborer un drapeau.

Ce défaut d'ensemble dans les rouages
de la grande machine morale de l'univers ,
a fait déraisonner quelquefois des têtes pen

santes ; elle a fait dire au sophiste Car-
néade , que le juste et l'injuste n'existaient
pas ; elle a fait penser à Lysandre le Spartiate , que l'homme de génie devait amuser
la multitude avec des sermens , comme on
amuse les enfans avec des osselets.

L'erreur a ensuite corrompu les héros ,
après avoir dépravé les sophistes. De ce
que l'harmonie entre les Puissances ne semblait qu'une rêverie philosophique , Caton
n'opinait dans le sénat de Rome que pour
renverser Carthage ; Alexandre se croyait
en droit de demander à Jupiter un monde
nouveau , pour avoir la gloire de le subjuguer.

L'ignorance des vrais élémens de cette
morale universelle , a , dans un sens , produit tous les sophismes dangereux et tous
les crimes de la politique.

Si , dans un siècle de lumières , il était
donné à un Sage de planer au - dessus de
toutes les législations , pour en former une
nouvelle , digne des regards du génie et de

l'assentiment de la vertu, il faudrait qu'il s'occupât d'abord à tirer le monde moral de la nuit du cahos, où l'ignorance l'a précipité.

Le premier pas, dans cette carrière immense et pénible, serait de reléguer dans la grammaire du philosophisme, le mot de *droit politique*, par lequel on désigne les rapports d'harmonie entre le souverain qui gouverne et la multitude qui est gouvernée : ainsi que le terme de *Droit des Gens*, consacré à donner une idée des mêmes rapports entre les États. Ces deux dénominations sont absurdes, en ce qu'elles caractérisent mal les connaissances humaines qu'on veut désigner : elles sont criminelles, en ce qu'elles tendent à poser une barrière, entre les devoirs des hommes réunis et les devoirs de l'homme individuel.

Il n'existe qu'un art d'être bien avec tous les êtres, que la Société met en correspondance avec nous ; et cet art est la morale.

Le philosophisme, la théologie, ont per-
verti quelquefois le cri de la conscience;
elle n'en est pas moins la base de la morale
de l'homme.

Les prétres et les rois ont créé une politique arbitraire, qui appuie la tyrannie
des trônes par celle de l'autel ; la vraie morale de l'État n'en est pas moins la source
d'où émane tout gouvernement.

Le machiavélisme a imaginé un Droit
des Gens, qui ne caractérise que l'égoïsme
du peuple qui l'adopte ; il n'en existe pas
moins, entre tous les droits des grandes
Sociétés, un enchaînement philosophique,
d'où résulte la morale de l'univers.

Il viendra un tems, que j'ose pressentir
dans l'abîme des siècles, où la civilisation
ayant atteint son dernier période, ces trois
morales seront ramenées aux mêmes élémens : où une seule loi d'harmonie réglera
tous les mouvemens du monde moral : où
on ne pourra être homme, sans être bien
avec tous les hommes.

Jusqu'au

Jusqu'au moment fortuné, qui réduira toute la politique à un principe, et tous les livres philosophiques à quelques lignes, c'est aux législations nouvelles à préparer en silence la réunion des morales factices de l'État et de l'univers, à la Morale primitive de l'homme individuel.

Un État apprendra alors, qu'il ne peut être bien avec lui-même, qu'autant que sa Souveraineté est une, que toutes les forces particulières s'anéantissent devant la force publique, qu'on ne reconnaît comme utile que ce qui est essentiellement juste, et que jamais le sacrifice d'un individu n'est nécessaire au salut de tous.

L'harmonie, entre les divers États du Globe, ne pourra subsister, qu'autant que chacun se circonscrira dans de sages limites; que l'océan, librement parcouru par tous les navigateurs, n'appartiendra qu'à lui-même, et qu'on placera unanimement le droit de conquête, au rang des crimes de lèze-humanité.

Voyez, comme de la réunion des trois

Morales dérive la solution d'un des problémes , qui a paru jusqu'ici le plus inex·
plicable aux philosophes.

Le bien particulier , a dit l'école vertueuse
de Zénon , est toujours renfermé dans le
bien général , et rien n'est plus vrai ; malheureusement la mort de Socrate , le suicide du dernier Caton , démentent par le
fait cette sublime théorie. Mais qu'Athènes
adopte la morale de Socrate , et Rome celle
de Caton , alors l'un de ces héros ne boira
pas la cigüe , et l'autre n'aura pas besoin
de déchirer ses entrailles.

Jusqu'à ce qu'il n'y ait qu'une Morale
unique pour l'homme et pour les grandes
sociétés d'hommes , la civilisation ne mar-
chera à pas de géant , qu'autant que les
législateurs prescriront à la vertu sociale
les plus grands sacrifices.

La vertu sociale consiste , à ne se regarder que comme un point dans la sphère
immense de l'univers moral , à faire céder
l'intérêt de ce point à celui d'une grande

surface, et l'intérêt de cette grande surface à celui de toute la circonférence.

De cette idée heureuse dérive, pour un
monde aussi mal co-ordonné que le nôtre,
toute la chaîne de nos devoirs.

Comme membre d'une Société très-bor-
née, je maintiendrai au sein de ma famille
l'harmonie qui, malgré nos fausses législations, constitue l'ame de l'univers ; je me
sacrifierai pour un père, et même pour les
enfans que j'ai fait naître, jusqu'à ce que
ceux-ci soient en age de se sacrifier pour
moi.

Comme membre d'une Société plus étendue, je concourrai à la gloire d'une Patrie,
dont les loix, toutes informes qu'elles sont,
me protègent ; je vivrai pour la défendre ;
et je mourrai, s'il le faut, avec ma famille
toute entière, pour la sauver.

Enfin, comme citoyen de l'univers, j'embrasserai tous les hommes dans ma bienveillance ; et si leur intérêt était essentiel-

lement opposé à mon intérét individuel,
à celui de ma maison et de mon gouvernement, j'immolerais, sans balancer, ma Patrie, ma famille et moi-même à la félicité
du genre humain.

Au rèste, tous ces sacrifices supposent
encore une fois l'existence d'une barrière,
mise par des législations perverses, entre
les trois Morales ; car, à mesure que cette
barrière se renversera, la Patrie aura moins
à exiger de ses citoyens, et l'univers des
Patries ; et si jamais elle s'anéantit, Socrate
mourra dans son lit, Brutus ne trouvera
point de fils à immoler, et on n'aura pas
besoin d'exterminer un peuple de Cannibales, pour assurer le repos de l'univers.

Cette théorie des trois Morales, séparées
de fait et réunies de droit, quoique relé-
guée jusqu'ici dans l'entendement du Philosophe, est la clef de toute saine législation ».

Fin du premier Volume.

TABLE

DES CHAPITRES.

———

Fin de la Table des Chapitres.

www.ingramcontent.com/pod-product-compliance
Lightning Source LLC
Chambersburg PA
CBHW060140200326
41518CB00008B/1097